Basiswissen Lernen im Sport

Reihe herausgegeben von

Nils Neuber, Institut für Sportwissenschaft, Universität Münster
Münster, Deutschland

Der Sport hat sich im 20. Jahrhundert zu einem zentralen sozialen Phänomen entwickelt, das weite Bereiche der Gesellschaft, wie das Freizeit-, Bildungs-, Gesundheits-, Wirtschafts- und Mediensystem, durchdringt. Die Ausprägungsformen des Sports sind nahezu unbegrenzt: Kinder- und Jugendsport, Schul- und Vereinssport, Freizeit- und Breitensport, Leistungs- und Wettkampfsport, Abenteuer- und Trendsport, Gesundheits- und Alterssport u.v.m. Entsprechend komplex sind die Rahmenbedingungen und Themen des Lernens im Sport. Die Lehrbuchreihe *Basiswissen „Lernen im Sport"* greift diese Voraussetzungen auf und gibt eine Einführung in zentrale Gegenstandsbereiche und Themen des Lernens im Sport. Dabei wird eine sozialwissenschaftliche Perspektive eingenommen und auf Teildisziplinen, wie Sportpädagogik, Sportdidaktik, Sportpsychologie und Sportsoziologie, zurückgegriffen.

In übersichtlichen und klar gliederten Darstellungen finden Leserinnen und Leser einen komprimierten Überblick zum Fachgegenstand. Definitionen, zusammenfassende Übersichten und kommentierte Literaturhinweise helfen, das Gelernte zu vertiefen. Damit wird ein sicherer Einstieg in wichtige Begriffe und Themenfelder der Sportwissenschaft ermöglicht. Die Lehrbuchreihe *Basiswissen „Lernen im Sport"* richtet sich in erster Linie an Studentinnen und Studenten sportwissenschaftlicher Studiengänge, bietet aber auch Anknüpfungspunkte für verwandte Studiengänge, wie Erziehungs- und Sozialwissenschaft. Entsprechend orientiert sich die Konzeption der Bände am Arbeits- und Studienalltag von Studierenden und Lehrenden an der Hochschule. Darüber hinaus kann die Lehrbuchreihe auch von Schüler/innen, Lehramtsanwärter/innen, Lehrer/innen sowie Mitarbeiter/innen aus Sport, Jugendhilfe und Wohlfahrtsverbänden genutzt werden.

Rüdiger Heim

Sport und Selbstkonzept II

Differenzierung und Anwendung

Rüdiger Heim
Institut für Sport und Sportwissenschaft
Universität Heidelberg
Heidelberg, Deutschland

ISSN 2662-5601　　　　　　ISSN 2662-561X (electronic)
Basiswissen Lernen im Sport
ISBN 978-3-658-44107-4　　ISBN 978-3-658-44108-1 (eBook)
https://doi.org/10.1007/978-3-658-44108-1

Die Deutsche Nationalbibliothek verzeichnet diese Publikation in der Deutschen Nationalbibliografie; detaillierte bibliografische Daten sind im Internet über https://portal.dnb.de abrufbar.

© Der/die Herausgeber bzw. der/die Autor(en), exklusiv lizenziert an Springer Fachmedien Wiesbaden GmbH, ein Teil von Springer Nature 2024

Das Werk einschließlich aller seiner Teile ist urheberrechtlich geschützt. Jede Verwertung, die nicht ausdrücklich vom Urheberrechtsgesetz zugelassen ist, bedarf der vorherigen Zustimmung des Verlags. Das gilt insbesondere für Vervielfältigungen, Bearbeitungen, Übersetzungen, Mikroverfilmungen und die Einspeicherung und Verarbeitung in elektronischen Systemen.

Die Wiedergabe von allgemein beschreibenden Bezeichnungen, Marken, Unternehmensnamen etc. in diesem Werk bedeutet nicht, dass diese frei durch jedermann benutzt werden dürfen. Die Berechtigung zur Benutzung unterliegt, auch ohne gesonderten Hinweis hierzu, den Regeln des Markenrechts. Die Rechte des jeweiligen Zeicheninhabers sind zu beachten.

Der Verlag, die Autoren und die Herausgeber gehen davon aus, dass die Angaben und Informationen in diesem Werk zum Zeitpunkt der Veröffentlichung vollständig und korrekt sind. Weder der Verlag noch die Autoren oder die Herausgeber übernehmen, ausdrücklich oder implizit, Gewähr für den Inhalt des Werkes, etwaige Fehler oder Äußerungen. Der Verlag bleibt im Hinblick auf geografische Zuordnungen und Gebietsbezeichnungen in veröffentlichten Karten und Institutionsadressen neutral.

Planung/Lektorat: Stefanie Laux

Springer VS ist ein Imprint der eingetragenen Gesellschaft Springer Fachmedien Wiesbaden GmbH und ist ein Teil von Springer Nature.
Die Anschrift der Gesellschaft ist: Abraham-Lincoln-Str. 46, 65189 Wiesbaden, Germany

Wenn Sie dieses Produkt entsorgen, geben Sie das Papier bitte zum Recycling.

Für Hannah

Dank

Dieses Lehrbuch konnte nicht entstehen ohne die tatkräftige Hilfe von verschiedenen Seiten. Für die direkte Unterstützung bei seiner Abfassung bedanke ich mich vor allem herzlich bei meinen Mitarbeitern der Heidelberger Sportpädagogik: Cornelius Holler hat nicht nur Literaturrecherche, -verwaltung und -besorgung mit Geduld und Akribie unterstützt, sondern auch die Abbildungen in der nun vorliegenden Form gestaltet und sich um die Finessen der digitalen Textverarbeitung gekümmert. Die Vollständigkeit der Literaturverzeichnisse sicherte Isabel Werner und inhaltlich war Jan Sohnsmeyer eine große Hilfe, indem er die verschiedenen Entwürfe kenntnisreich, kritisch wie konstruktiv gelesen und kommentiert hat. Die Schlussredaktion hat Frederik Borkenhagen in großer Umsicht und mit seiner umfangreichen redaktionellen Erfahrung vorzüglich erledigt. Immer wenn ich als Sportpädagoge einer differenzierten Expertise der Sportpsychologie bedurfte, stand Geoffrey Schweizer mit Rat und Tat zur Seite.

Und weil dieses Lehrbuch auch das Ergebnis einer langjährigen Beschäftigung mit dem Selbstkonzept und seiner Erforschung ist, gilt mein Dank Kollegen in ehemaligen gemeinsamen Arbeitszusammenhängen: Wolf-Dietrich Brettschneider hat die damalige Berliner Arbeitsgruppe geleitet und die Möglichkeit einer Längsschnittstudie zum Selbstkonzept von jugendlichen Leistungssportlerinnen und -sportlern erst eröffnet, die den Beginn meiner Selbstkonzeptforschung markiert. Darüber hinaus ist er mir bis heute – trotz manch unterschiedlicher Auslegungen und Positionen – ein ebenso freundschaftlicher wie kompetenter Gesprächspartner geblieben. Und Erin Gerlach ist seit Berliner Tagen ein kritischer wie konstruktiver und hilfreicher Freund und Forscherkollege, von dessen Einsprüchen, Hinweisen und Anregungen ich immer wieder profitieren konnte.

Schließlich bedanke ich mich vor allem herzlich bei meiner Frau Klara Schönecker-Heim. Ohne ihre Unterstützung und ihr Verständnis über viele Jahre, wenn ich mal wieder beruflichen Aufgaben gegenüber Familiärem den Vorrang eingeräumt habe, hätte dieses Lehrbuch so nicht entstehen können.

November 2023   Heidelberg

Inhaltsverzeichnis

1 Einführung 1
   1.1 Einleitung 1
   1.2 Aufbau des Lehrbuchs 5
   Literatur 6

2 Spezifische Effekte der Selbstkonzeptentwicklung 7
   2.1 Der Big-Fish-Little-Pond-Effekt 8
      2.1.1 Der Big-Fish-Little-Pond-Effekt im Kontext
           schulischer Fähigkeitsselbstkonzepte 9
      2.1.2 Der Big-Fish-Little-Pond-Effekt im Kontext des
           sportlichen Fähigkeitsselbstkonzepts 20
   2.2 Das Internal/External-Frame-of-Reference-Modell 27
      2.2.1 Das Internal/External-Frame-of-Reference-Modell
           im Kontext schulischer Fähigkeitsselbstkonzepte 27
      2.2.2 Das I/E-Modell im Kontext des sportlichen
           Fähigkeitsselbstkonzepts 34
   2.3 Die Wichtigkeitshypothese 38
   Literatur 47

**3 Zusammenhänge zwischen Sport(engagement)
und Selbstkonzept** 53
   3.1 Warum Zusammenhänge angenommen werden 54
   3.2 Unterschiede zwischen sportlich Aktiven und Unauffälligen 58
   3.3 Das Selbstkonzept – Motor oder Ergebnis des
      Sportengagements? 64

3.4		Lässt sich der Zusammenhang zwischen Selbstkonzept und Sport gezielt beeinflussen?	74
	3.4.1	Direkte Interventionen	75
	3.4.2	Indirekte Interventionen	76
	3.4.3	Inzidentelle Interventionen und kombinierte Treatments	79
	3.4.4	Zwischenfazit	81
	3.4.5	Resümee	81
Literatur			84

4 Schulpädagogische Schlussfolgerungen 91

4.1		Welche Rolle sollte das Selbstkonzept für den Sportunterricht spielen?	93
	4.1.1	Das Selbstkonzept als Zieldimension des Sportunterrichts	94
	4.1.2	Das Selbstkonzept als motivationale Komponente des Sportunterrichts	99
4.2		Welche Selbstkonzepteinschätzungen sind schulpädagogisch wünschenswert?	102
4.3		Empfehlungen für einen selbstkonzeptförderlichen Sportunterricht	111
	4.3.1	Prinzip der Kompetenzerfahrung	113
	4.3.2	Prinzip eines reflexiven Sportunterrichts	117
	4.3.3	Prinzip eines individualisierten Sportunterrichts	120
Literatur			123

Einführung 1

> **Zusammenfassung**
>
> Dieses Kapitel bietet eine Einführung, in der die Bedeutung des Selbstkonzepts im Zusammenhang mit Bewegung und Sport erläutert wird und das Anliegen dieses Lehrbuchs sowie seine Adressaten skizziert werden. Zum Abschluss wird der inhaltliche Aufbau vorgestellt und kommentiert.

1.1 Einleitung

Wenn in der deutschen Öffentlichkeit über den Sport und seine Bedeutung für die Menschen und die Gesellschaft geredet oder geschrieben wird, kommt selten Zweifel an seinen segensreichen *Wirkungen* auf, vor allem wenn es um Heranwachsende und die entwicklungssensiblen Lebensabschnitte der Kindheit und Jugend geht: Aktives Sportengagement mache den Kindern und Jugendlichen nicht einfach nur Spaß oder entfalte nicht allein unmittelbare gesundheitliche Wirkungen, sondern das Sporttreiben, vor allem im Verein, reduziere die Neigung zu Aggression oder Gewalt, fördere soziale Kompetenzen oder die gesellschaftliche Integration, insbesondere von Heranwachsenden mit Migrationsgeschichte. Über die mehr oder weniger große Aktualität gesellschaftlich identifizierter Probleme hinaus wird grundsätzlich erwartet, dass ein Sportengagement die *Persönlichkeitsentwicklung* von Heranwachsenden in der gesamten Bandbreite unterstützt – von der motorischen über die psychosoziale bis zur kognitiven Dimension (Brettschneider 2008).

Derlei optimistische Annahmen lassen sich bis zu den Vorläufern des modernen Sports im 19. Jahrhundert zurückverfolgen. Nicht nur im Zusammenhang mit dem von Friedrich Ludwig Jahn begründeten deutschen Turnen und dem englischen Sport, sondern auch im Zuge der olympischen Idee von Pierre de Coubertin standen positive Wirkungen von Leibesübungen auf den Charakter und seine Entwicklung hoch im Kurs.

Auch wer mit Übungsleitern und Trainerinnen oder ehemaligen Athleten und Hochleistungssportlerinnen spricht, wird rasch merken, dass sie ihr freiwilliges oder berufliches Engagement nicht nur mit der Leidenschaft für ihren Sport begründen. Häufig heben sie hervor, ihre Schützlinge oder sie selbst hätten in ihrem Sportengagement auch vieles gelernt, was ihnen im *Leben außerhalb des Sports* geholfen hat – und sie können hierfür in der Regel ganz konkrete Personen nennen oder Beispiele schildern: Der im Kampfsport erworbene *Respekt* zeige sich nicht nur im Ring oder auf der Matte, sondern auch auf dem Schulhof. Die im Training erworbene *Anstrengungsbereitschaft* sowie das damit verbundene *Durchhaltevermögen* spiegelten sich auch in entsprechender Lernbereitschaft und Beharrlichkeit in der Schule wider. Wer im Sportverein gelernt habe, Ordnung und Regeln einzuhalten, akzeptiere diese auch im Freundeskreis, in der Schule und im Beruf. Das Erleben und die Verarbeitung von *Gewinn und Niederlage* seien nicht nur für das folgende Training oder den nächsten Wettkampf von Bedeutung, sondern auch für den Umgang mit schlechten Schulleistungen, sportliche Erfolge stärkten das Vertrauen in die eigenen Kräfte und Möglichkeiten auch jenseits des Sports.

Solche Erwartungen werden gleichfalls aus schulsportpädagogischem Blickwinkel betont, wenn man sich im *Doppelauftrag des Sportunterrichts* einig weiß, dass es in diesem Schulfach nicht nur darum geht, den Heranwachsenden die (gesellschaftliche geformte) Sportkultur zu erschließen und entsprechend notwendige Fähigkeiten und Fertigkeiten zu vermitteln, sondern gleichzeitig auch einen substanziellen Beitrag zur Entwicklungsförderung der Schülerinnen und Schüler jenseits motorischer Kompetenzen zu leisten. Aus leistungssportlicher Perspektive rufen Trainerinnen, Funktionäre, aber auch journalistische Kommentatoren nicht selten nach Führungspersönlichkeiten in einem Team oder einer Mannschaft, wenn es um einen hochrangigen Wettbewerb und den sportlichen Erfolg geht.

Gleichgültig, ob es sich um Wirkungen des Sportengagements oder Voraussetzungen für sportliche Erfolge handelt, wird offensichtlich der Persönlichkeit der Aktiven und ihrer Entwicklung eine hoch bedeutsame Rolle zugeschrieben. Allein die empirische Forschungslage der *eigenschaftsorientierten Persönlichkeitspsychologie*, die sich entsprechenden Zusammenhänge lange Jahre gewidmet hat, konnte derart optimistische Erwartungen nicht hinreichend stützen (Conzelmann und Schmidt 2020; Weinberg und Gould 2019). Dies liegt wohl vor allem daran,

1.1 Einleitung

dass die dort herangezogenen Modelle Persönlichkeit als eher stabile Eigenschaft einer Person aufgefasst und untersucht haben, die sich relativ frühzeitig im Lebenslauf herausbildet und sich daher Einflüsse oder Voraussetzungen im Zuge sportlicher Aktivitäten nicht zeigen lassen.

Seit etwa den 1980er-Jahren hat die Forschung vor diesem Hintergrund verstärkt auf das alternative *Modell des Selbstkonzepts* gesetzt, das sich zwar auch dem Bereich der Persönlichkeit zuordnen lässt, aber theoretisch von einer deutlich größeren *Veränderlichkeit* (Plastizität) ausgeht und so für Fragen der Entwicklung, vor allem im Kindes- und Jugendalter, besonders gut geeignet scheint (Asendorpf und Neyer 2012; Conzelmann 2009; Heim 2002). Wie prominent die oben skizzierten optimistischen Erwartungen im Hinblick auf Wirkungen (auch) des Schulsports mittlerweile ebenfalls im Zusammenhang mit dem Selbstkonzept sind, zeigen direkte, manchmal indirekte Hinweise in Lehr- oder Bildungsplänen des Sportunterrichts verschiedener Bundesländer.

Inwieweit das Modell des Selbstkonzepts, das ja eine gedankliche Vorstellung von nicht direkt beobachtbaren Strukturen und Prozessen darstellt, im Zusammenhang mit Sport und dem Sportengagement andere, neue Erkenntnisse hervorgebracht hat, ist das Thema dieses Lehrbuchs. Da das Selbstkonzept aber zu den ausgesprochen häufig, umfangreich und vielfältig behandelten Gebieten der pädagogisch-psychologischen Forschung – nicht nur in der Sportwissenschaft – gehört, handelt es sich einerseits um ein ambitioniertes, andererseits um ein besonders notwendiges Vorhaben. So verfolgt dieses Lehrbuch den *Anspruch*, die kaum überschaubare Fülle und Komplexität, zuweilen auch Widersprüchlichkeit der Selbstkonzeptforschung und ihrer Befunde im Hinblick auf Bewegung und Sport *in kompakter und übersichtlicher Form* darzustellen.

Ich selbst habe mich diesem (hohen) Anspruch im Verlauf des Verfassens mit wachsender Freude gestellt, weil ich glaube, nach mehr als 30 Jahren mal mehr, mal weniger kontinuierlicher Beschäftigung mit dem Selbstkonzept aus *sportpädagogischer Sicht* über hinreichende Kompetenzen zu verfügen. So richtet sich dieses Lehrbuch, auch vor dem Hintergrund eigener, mittlerweile vielfältiger universitärer Lehrerfahrungen, in erster Linie an Studierende der Sportwissenschaft, aber auch der Bildungswissenschaft oder Psychologie. Geeignet dürfte es dabei vor allem für etwas fortgeschrittene Studierende im Bachelor- oder Masterstudium sein. Als Lehrbuch adressiert es gleichfalls Lehrkräfte im sport- oder bildungswissenschaftlichen, aber auch psychologischen Studium, wenn sportliche Themen behandelt werden sollen. Ferner bietet es im Hinblick auf Abschlussprüfungen sowie erste eigene Forschungen – sei es im Rahmen forschungsorientierter Lehrformate oder Abschlussarbeiten im Studium – einen Ein- und Überblick über die sportorientierte Selbstkonzeptforschung. Auch sollte es geeignet sein, nach dem

Studium erste Grundlagen für Forschungsqualifikationen nach dem Studium zu festigen, die die Spur zu spezifischen Fragen und Problemstellungen legen. Und schließlich könnte dieses Lehrbuch sowohl für „gestandene" schulische Lehrkräfte als auch im Vorbereitungsdienst hilfreich sein, wenn der eigene Sportunterricht mehr oder weniger intensiv auf die Entwicklungsförderung der Schülerinnen und Schüler abzielen soll.

Bei der Selbstkonzeptforschung handelt sich (zunächst aus der Sicht von Forscherinnen und Forschern) um ein besonders *faszinierendes Themengebiet*, weil ihre Ursprünge bis in das 19. Jahrhundert zurückgehen, sie gleichzeitig aber auch seit mehreren Jahrzehnten bis heute eine nur schwer überschaubare Anzahl und Vielfalt von Erkenntnissen, Wissen und Befunden hervorgebracht hat und diese Dynamik gewiss noch nicht zu einem Ende gekommen ist. Zudem ist die relevante Literatur trotz der heute breit verfügbaren wissenschaftlichen Datenbanken – nicht zuletzt wegen der dynamischen Publikationsaktivitäten in verschiedenen Wissenschaftsdisziplinen – manchmal etwa verstreut und nicht immer leicht zu finden.

Weil dieses Lehrbuch dem Anspruch folgt, einen lesbaren und nicht zu umfangreichen Ein- und Überblick über die Relevanz des Selbstkonzepts für Bewegung und Sport, aber auch der Bedeutung von Bewegung und Sport für das Selbstkonzept zu bieten, kann es die gesamte Komplexität dieses so *vitalen Forschungsgebiets* nicht vollständig und im Detail nachzeichnen. Es bedarf vielmehr der Beschränkung, ohne Wichtiges auszulassen, aber auch der Vereinfachung, ohne über Gebühr zu simplifizieren. Daher konzentriert sich das Lehrbuch inhaltlich *auf pädagogisch-psychologische Fragen und Probleme*, obwohl das Selbstkonzept u. a. auch sozialpsychologisch intensiv erforscht wurde. Zudem stehen das Selbstkonzept von *Heranwachsenden* und seine Entwicklung im Mittelpunkt, ohne auf wichtige Erkenntnisse zu späteren Lebensabschnitten gänzlich zu verzichten. Und auch wenn der Fokus auf Bewegung und Sport gerichtet ist, bedarf es des Öfteren einer Darstellung von Forschungsergebnissen aus anderen Feldern, damit die grundsätzlichen Gedankenfiguren und Argumentationen verständlich und nachvollziehbar werden.

Ein weiteres, besonderes Merkmal der Selbstkonzeptforschung ist, dass sich ihre moderne Entwicklung in einem *Wechselspiel zwischen theoretischen Überlegungen* und *empirischen Befunden* vollzogen hat. Letztere sind dabei häufig mit methodischen Innovationen und entsprechender Statistik verknüpft und daher aus komplexen wie besonders anspruchsvollen Datenanalysen hervorgegangen. Um auch statistisch weniger bewanderte Leserinnen und Lesern „mitzunehmen", wie man heute gerne sagt, erläutern *Exkurse* insbesondere methodische oder statistische Verfahren auf einem zwar grundsätzlichen Niveau, das aber das Verständnis der in diesem Buch vorgestellten Überlegungen und Argumentationen erlaubt. *Fra-*

gen und Denkanstöße bieten zum Abschluss eines jeden Kapitels die Möglichkeit, sich intensiver mit dem jeweiligen Thema auseinanderzusetzen und den eigenen Lernprozess zu unterstützen

1.2 Aufbau des Lehrbuchs

Das Lehrbuch gliedert sich in insgesamt acht Kapitel, die vor dem Hintergrund des Gesamtkonzepts der Buchreihe „Basiswissen Lernen im Sport" in zwei Bände aufgeteilt sind. Der hier vorliegende zweite Band stellt Fragen der Differenzierung des Selbstkonzepts und der Anwendung von Erkenntnissen der Selbstkonzeptforschung in den Mittelpunkt, während sich der erste Band den Grundlagen des Selbstkonzepts und seiner Entwicklung gewidmet hat.

Im Anschluss an diese Einführung wird der Blick zunächst auf die *differenzierten Effekte und Mechanismen* gerichtet, die für das Feld der Selbstkonzeptforschung besonders charakteristisch sind (Kap. 2). Dabei geht es zunächst um das Phänomen, dass Menschen ihre Fähigkeiten bevorzugt vor dem Hintergrund von *sozialen Vergleichen* in ihrer jeweiligen Bezugsgruppe beurteilen (Big-Fish-Little-Pond-Effekt; Abschn. 2.1), aber auch dazu neigen, ihre Fähigkeitskonzepte im *Horizont verschiedener Lebens- und Kompetenzbereiche* einzuschätzen (Internal/External-Frame-of-Reference-Modell; Abschn. 2.2). Inwieweit einzelne Fähigkeitsselbstkonzepte, insbesondere das sportliche Fähigkeitsselbstbild, *Einfluss auf das generelle Selbstwertgefühl* einer Person ausüben, stellt Abschn. 2.3 im Hinblick auf die sogenannte Wichtigkeitshypothese vor.

Ob und inwieweit sich die eingangs skizzierten, optimistischen Erwartungen *von Wirkungen des Sportengagements auf die Entwicklung von Heranwachsenden* in den Ergebnissen der modernen Selbstkonzeptforschung wissenschaftlich stützen lassen, behandelt das dritte Kapitel: Nachdem zunächst geklärt wird, welche theoretischen Überlegungen überhaupt *Zusammenhänge zwischen Sport(engagement) und Selbstkonzept* annehmen lassen (Abschn. 3.1), wird in einem ersten Schritt die (querschnittliche) Befundlage dargestellt, in welchem Ausmaß sich empirisch *Unterschiede im Selbstkonzept zwischen sportlich aktiven und in dieser Hinsicht unauffälligen Heranwachsenden* finden lassen (Abschn. 3.2). Im Anschluss daran werden längsschnittliche Studienergebnisse gesichtet, die Hinweise liefern, inwiefern *das Sportengagement das Selbstkonzept beeinflusst* oder eine umgekehrte Wirkungsrichtung empirisch beobachtet werden kann (Abschn. 3.3). Und schließlich wird der Frage nachgegangen, ob der *Zusammenhang zwischen Selbstkonzept und Sport gezielt*, z. B. durch pädagogische Maßnahmen, beeinflusst werden kann (Abschn. 3.4).

Den Abschluss dieses zweiten Bands bildet eine *anwendungsorientierte Bilanz* (Kap. 4), indem zunächst die vorgestellten Erträge der Selbstkonzeptforschung im Hinblick auf ihre *schulpädagogische Bedeutung* des Selbstkonzepts erörtert werden (Abschn. 4.1). Hierzu wird das Selbstkonzept einerseits als mehr oder weniger eigenständige *Zieldimension* des Sportunterrichts (Abschn. 4.1.1) und andererseits als wichtige *motivationale Komponente* (Abschn. 4.1.2) im Hinblick auf sportunterrichtliche Lern-, Bildungs- und Erziehungsprozesse diskutiert. In welcher Richtung und in welchem Ausmaß pädagogische Maßnahmen das Selbstkonzept der Schülerinnen und Schüler beeinflussen sollten, behandelt Abschn. 4.2, der nach *pädagogisch wünschenswerten Selbstkonzepteinschätzungen* fragt. Auf Grundlage dieser Überlegungen und vor dem Hintergrund empirischer Befunde schließen *Empfehlungen für einen selbstkonzeptförderlichen Sportunterricht* (Abschn. 4.3) die Darstellung ab und heben die drei Prinzipien der Kompetenzerfahrung (Abschn. 4.3.1), eines reflexiven (Abschn. 4.3.2) und individualisierten Sportunterrichts (Abschn. 4.3.3.) hervor.

Literatur

Asendorpf, J. & Neyer, F.J. (2012). *Psychologie der Persönlichkeit* (5. Aufl.). Berlin, Heidelberg: Springer.
Brettschneider, W.-D. (2008). Mozart macht schlau und Sport bessere Menschen. Transfereffekte musikalischer Betätigung und sportlicher Aktivität zwischen Wunsch und Wirklichkeit. In V. Oesterhelt, J. Hofmann, M. Scholz & H. Altenberger (Hrsg.), *Sportpädagogik im Spannungsfeld gesellschaftlicher Erwartungen, wissenschaftlicher Ansprüche und empirischer Befunde* (S. 15–26). Hamburg: Czwalina.
Conzelmann, A. (2009). Differentielle Sportpsychologie – Sport und Persönlichkeit. In W. Schlicht & B. Strauß (Hrsg.), *Grundlagen der Sportpsychologie* (S. 375–439). Göttingen: Hogrefe.
Conzelmann, A. & Schmidt, M. (2020). Persönlichkeitsentwicklung durch Sport. In J. Schüler, M. Wegner & H. Plessner (Hrsg.), *Sportpsychologie: Grundlagen und Anwendung* (S. 337–354). Berlin, Heidelberg: Springer.
Heim, R. (2002). *Jugendliche Sozialisation und Selbstkonzeptentwicklung im Hochleistungssport: Eine empirische Studie aus pädagogischer Perspektive*. Aachen: Meyer & Meyer.
Weinberg, R.S. & Gould, D. (2019). *Foundations of sport and exercise psychology* (7th Ed). Champaign, IL.: Human Kinetics.

Spezifische Effekte der Selbstkonzeptentwicklung

2

> **Zusammenfassung**
>
> Dieses Kapitel führt die Überlegungen fort, welche Faktoren die Entwicklung des Selbstkonzepts beeinflussen. Im zweiten Abschnitt werden die Mechanismen des sozialen Vergleichs (Big-Fish-Little-Pond-Effekt) und der gegenseitigen Beeinflussung von bereichsspezifischen Selbstkonzepten (Internal/External-Frame-of-Reference-Modell) erläutert, und der dritte Abschnitt widmet sich der Wichtigkeitshypothese, sodass Zusammenhänge zwischen domänenspezifischen Selbstkonzepten und dem allgemeinen Selbstwertgefühl im Mittelpunkt stehen.

Wie Kap. 4 des ersten Bands gezeigt hat, werden das Selbstkonzept und seine Entwicklung durch vielerlei Faktoren beeinflusst. Insbesondere die Forschungsergebnisse zur Veridikalität des Selbstkonzepts (Band 1, Abschn. 4.4) machen darauf aufmerksam, dass die subjektiven Fähigkeitsselbstbilder einer Person häufig nicht genau mit ihren tatsächlich erreichten Leistungen, z. B. in einem Schulfach, übereinstimmen. Derartige Differenzen, zuweilen gar Diskrepanzen, zwischen subjektiven Einschätzungen und objektiven Leistungen waren und sind bis heute Anlass für eine kaum noch überschaubare Fülle von Forschungsarbeiten, weil mit den zunächst irritierenden Ergebnissen offenbar eine ganz besondere Faszination verbunden ist (Möller und Trautwein 2020).

Der *Stabilität und Veränderung* von Selbstkonzeptfacetten liegen zunächst kognitive Entwicklungsprozesse in Kindheit und Jugend ebenso zugrunde (Band 1, Abschn. 4.1) wie grundsätzliche soziale, temporale und dimensionale Vergleichsprozesse (Band 1, Abschn. 4.3). Aus komplexen Verarbeitungsprozessen der Vergleichsinformationen resultieren darüber hinaus spezifische Effekte der Selbstkonzeptentwicklung, die in der Forschung für die schulischen Fähigkeitsselbstkonzepte breit und gut dokumentiert sind.

Ausgehend von den entsprechenden empirischen Ergebnissen wird es darum gehen, inwieweit diese Effekte auch im Hinblick auf die *Domäne von Bewegung und Sport* zu beobachten sind. Neben dem damit verknüpften Big-Fish-Little-Pond-Effekt (BFLPE) und dem Internal/External-Frame-of-Reference-Modell (I/E-Modell), die Einflüsse von *Leistungsvergleichen auf Fähigkeitsselbstkonzept*e thematisieren, stellt die Zentralitätshypothese einen weiteren spezifischen Effekt der Selbstkonzeptentwicklung dar, die den Einfluss von domänenspezifischen Selbstkonzepten auf das *allgemeine Selbstwertgefühl* modelliert. In diesem Kontext wird zudem das sportspezifische Exercise-and-Self-Esteem-Modell (EXSEM) vorgestellt, das gleichfalls die Auswirkungen domänenspezifischer Leistungen und Fähigkeitsselbstbilder auf das generelle Selbstkonzept konzeptualisiert.

Diese Aspekte der Selbstkonzeptforschung stellen ein besonders gutes Beispiel dafür dar, wie *theoretische Reflexionen* und *empirische Forschungserträge* ineinandergreifen und den Wissensstand ausgesprochen fruchtbar erweitern (können). Denn, wie zu zeigen sein wird, hängen einerseits die empirischen Befunde hinsichtlich der Effekte wesentlich davon ab, wie die Einflüsse theoretisch modelliert und dann statistisch geprüft werden, und andererseits gehen theoretische Weiterentwicklungen in der Selbstkonzeptforschung maßgeblich auf (zunächst erwartungswidrige) empirische Befunde zurück.

2.1 Der Big-Fish-Little-Pond-Effekt

Dieses spezifische Wirkungsmuster von *sozialen Vergleichsprozessen* (Band 1, Abschn. 4.3.1) ist vor allem im Rahmen von schulischen Fähigkeitsselbstkonzepten theoretisch entwickelt und empirisch breit erforscht und dokumentiert worden. Um die grundlegende Argumentation und die zum Teil komplexen Zusammenhänge des auf Deutsch auch als Fischteicheffekt bekannten Musters für die Leserin und den Leser gut nachvollziehbar darstellen zu können, werden zunächst die wesentlichen Ergebnisse der Forschung zu generellen und domänenspezifischen schulischen Fähigkeitsselbstbildern vorgestellt. In einem zweiten Schritt widmet sich die Darstellung diesem Wirkungsmuster im Hinblick auf das körperlich-sportliche Fähigkeitsselbstkonzept und arbeitet Ähnlichkeiten und Unterschiede heraus. Indirekt folgt die Darstellung damit auch der forschungshistorischen Entwicklung.

2.1.1 Der Big-Fish-Little-Pond-Effekt im Kontext schulischer Fähigkeitsselbstkonzepte

Diese Bezeichnung des Musters der Zusammenhänge zwischen einerseits individuellen Fähigkeitsselbsteinschätzungen und andererseits durchschnittlichen Leistungen in einer Schulklasse (oder einer Schule) geht auf eine Studie von Marsh und Parker (1984) zurück, die im Hinblick auf die Schulwahl abschließend die Frage stellten, „Is it better to be a relatively large fish in a small pond even if you don't learn to swim as well?" (S. 229).

Exkurs: Von großen Fischen und kleinen Teichen – die Wollongong-Studie
In dieser querschnittlichen Studie, die in Schulen unterschiedlicher Einzugsgebiete der australischen Großstadt Wollongong durchgeführt wurde, griffen Herbert. W. Marsh und John W. Parker (1984) die vereinzelte Beobachtung auf, dass sich (sozioökonomisch) benachteiligte Schüler ein günstigeres Selbstkonzept attestierten als Heranwachsende, die unter günstigen Bedingungen aufwuchsen.

Vor dem Hintergrund theoretischer Überlegungen zu Bezugsgruppeneffekten (frame of reference effects) untersuchten sie die Zusammenhänge zwischen dem *sozioökonomischen Status* (socioeconomic status, SES) der Herkunftsfamilien, den *schulischen Leistungen* und *schulischen Fähigkeitsselbstkonzepten* von Sechstklässlern. Dabei zeigten sich recht enge positive Korrelationen zwischen schulischen Leistungen und den entsprechenden Selbstkonzeptfacetten und lose bis mäßig positive zwischen dem individuellen familiären sozioökonomischen Status und den schulischen Fähigkeitsselbstkonzepten (während die nicht-schulischen Facetten keine Zusammenhänge aufwiesen).

Demgegenüber waren die *schulischen Fähigkeitsselbstbilder* schwach negativ mit dem (auf Schulebene) durchschnittlichen *sozioökonomischen Status* assoziiert. Schülerinnen und Schüler aus Schulen mit einem (gemittelt) niedrigen SES attestierten sich dabei unabhängig vom individuellen familiären SES positivere schulische Fähigkeitsselbstkonzepte als ihre Geschlechtsgenossen, die eine Schule mit hohem SES besuchten. Pfadanalysen zeigten darüber hinaus, dass das Leistungsniveau, gemessen über die durchschnittlichen schulischen Fähigkeiten der Schüler pro Schule, ebenso einen moderat negativen (−0,27) Einfluss auf die schulischen Fähigkeitsselbstbilder ausübte wie der mittlere SES auf Schulebene (−0,23), während dieser sich mäßig positiv auf die schulischen Leistungen auswirkte.

Aus der Kombination dieser Einflussfaktoren schlossen Marsh und Parker auf einen positiven Zusammenhang von schulbezogenem SES und durchschnittlichen Leistungen. An Schulen, deren Schülerschaft im Mittel unter eher benachteiligten Bedingungen aufwuchsen, erzielten die Heranwachsenden also offenbar schlechtere Leistungen bzw. verfügten über geringere schulische Fähigkeiten als ihre Geschlechtsgenossen an Schulen mit hohem SES.

Obwohl sie den Einfluss von durchschnittlichen schulischen Leistungen einer Schule unter Kontrolle des schulischen SES nicht explizit prüften, interpretierten Marsh und Parker die Zusammenhangs- und Pfadmuster plausibel vor dem Hintergrund eines Bezugsgruppeneffekts. Schüler und Schülerinnen greifen bei der subjektiven Beurteilung ihrer schulischen Leistungen demnach auf einen Vergleich mit ihren Klassen- oder Schulkameraden zurück, sodass ein durchschnittlich höheres Leistungsniveau in einer Bezugsgruppe zu einem niedrigeren schulischen Fähigkeitsselbstbild führt bzw. vice versa (Abb. 2.1).

Marsh und Parker gaben daher im Hinblick auf die Schulwahl eines Kindes zu bedenken, dass der Besuch einer Schule mit vielen Schülern aus sozioökonomisch besser gestellten Familien mit dem Risiko eines ungünstigeren schulischen Selbstkonzepts ihres Kindes verknüpft ist.

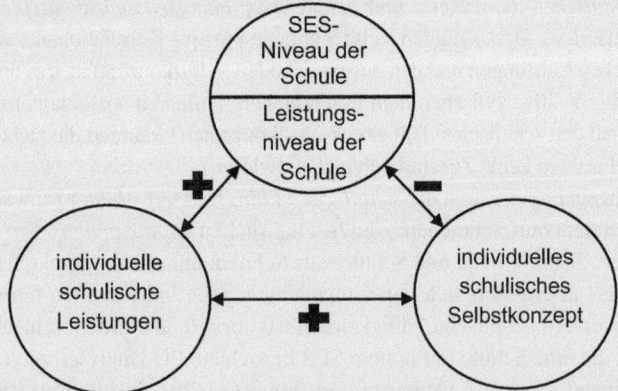

Abb. 2.1 Initiales Modell des Big-Fish-Little-Pond-Effekts. (Nach Marsh und Parker 1984)

2.1 Der Big-Fish-Little-Pond-Effekt

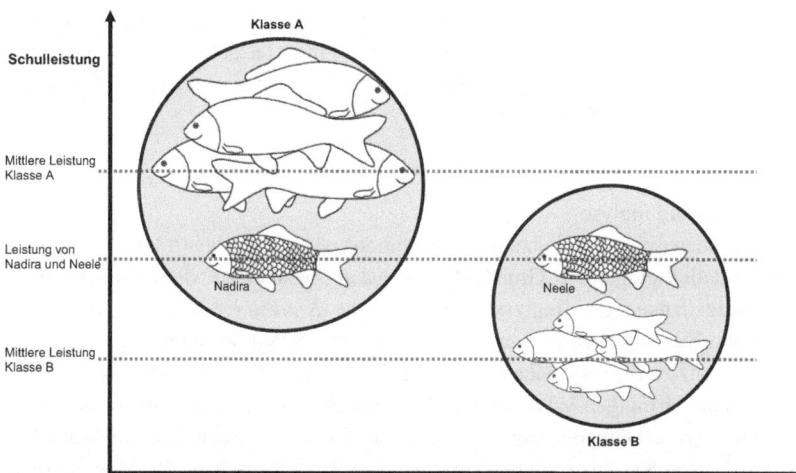

Abb. 2.2 Grafische Darstellung des Big-Fish-Little-Pond-Effekts. (Modifiziert in Anlehnung an Köller 2004, S. 2)

Eine Schülerin, die im Hinblick auf ihre schulischen Leistungen ein „großer" Fisch in einem Teich mit mehrheitlich „kleinen Fischen" ist, entwickelt demnach ein positiveres schulisches Selbstkonzept, als wenn sie in einem Teich mit vielen größeren – also leistungsstarken – Fischen lernt (Abb. 2.2).

Beide Effektwirkungen gehen also auf einen Vergleich mit Mitschülern zurück, die divergierende schulische Leistungen erzielen, sodass wegen der Aufwärts- bzw. Abwärtsvergleiche von einem *Kontrasteffekt* gesprochen werden kann. Diesen Gedanken hat Marsh (1987) in einer weiteren Studie aufgegriffen, die den BFLPE präzisiert und längsschnittlich sowie pfadanalytisch (siehe Exkurs „Pfadanalyse") geprüft hat. Die Studie erhärtete empirisch, wegen ihres längsschnittlichen und differenzierteren Designs, die Existenz und Relevanz des BFLPE.

Zudem wurde der BFLPE hier theoretisch intensiver in den Kontext sozialer Vergleiche eingebettet, indem er einem ebenfalls denkbaren *Assimilationseffekt* gegenübergestellt wird. Dieses auch Basking-in-Reflected-Glory-Effekt (BIRGE) genannte Muster tritt auf, wenn man Mitglied einer Bezugsgruppe ist, die für ihr besonders hohes Leistungs- und Fähigkeitsniveau bekannt ist. Der BIRGE beschreibt also die Tendenz, das *eigene Selbstkonzept zu erhöhen*, indem man – aufgrund der Zugehörigkeit zu diesem ausgewählten Personenkreis – das erhöhte Fähigkeitsniveau dieser Gruppe auf die eigene Leistungsfähigkeit überträgt. Demnach könnte also der Besuch einer als besonders renommierten und daher leistungsstark geltenden Schule dazu führen, dass die Fähigkeitsselbstbilder ihrer Schülerinnen und Schüler höher ausfallen, als aufgrund ihrer tatsächlichen Leistungen zu erwarten wäre. Daher wird dieses Muster zuweilen auch als *Prestigeeffekt* (Möller und Trautwein 2020, S. 198) bezeichnet.

Exkurs: Pfadanalyse
Die Pfadanalyse wird heutzutage im Rahmen von komplexen Strukturgleichungsmodellen eingesetzt. Grundsätzlich basiert sie aber auf dem einfacheren Grundgedanken der Regressionsanalyse, die *Kausalbeziehungen* zwischen Konstrukten bzw. Variablen aufgrund ihrer korrelativen Beziehungen prüft. Im Gegensatz zu Korrelationen ermöglicht sie aber, den Einfluss einer (oder mehrerer) unabhängigen Variablen (Prädiktorvariable genannt) auf abhängige Variablen (zu erklärende oder Kriteriumsvariablen) zu prüfen. Die im Modell postulierten Kausalzusammenhänge können dann grafisch als Pfaddiagramm bzw. Pfadmodell dargestellt werden.

Neben der durch Pfeile ausgedrückten Wirkungsrichtung sind in *Pfadmodellen* vor allem die *Pfadkoeffizienten* von Interesse, die die Größe der Einflüsse wiedergeben. Pfadkoeffizienten können positive und negative Werte annehmen. Unter einem positiven Vorzeichen führt eine Erhöhung der Prädiktorvariablen also zu einer Erhöhung der Kriteriumsvariablen, während ein negativer Wert signalisiert, dass eine Erhöhung der erklärenden Variable eine Verringerung der abhängigen Variable bewirkt. Pfadkoeffizienten werden zumeist als standardisierte Parameter angegeben und können – anders als Korrelationskoeffizienten – in Ausnahmefällen auch Größenordnungen jenseits von 1,0 und −1,0 annehmen (was aber eine besonders genaue Prüfung erfordert).

Allein mithilfe von standardisierten Pfadkoeffizienten können auch die unterschiedlichen Einflüsse mehrerer Variablen anhand ihrer Größenordnungen beurteilt werden. Der Pfadkoeffizient gibt dabei das Ausmaß der Veränderung der abhängigen Variablen an – stellt also den Faktor dar, der mit einer Standardabweichung der Kriteriumsvariable multipliziert wird –, wenn die Prädiktorvariable um eine Standardabweichung ansteigt.

Leider ist die Bezeichnung von Pfadkoeffizienten nicht immer einheitlich – zumeist werden sie mit den griechischen Buchstaben β (beta), zuweilen aber auch mit γ (gamma) bezeichnet. Bei einem Pfadkoeffizienten von $\beta = 0{,}3$ steigt die abhängige Variable also um das 0,3-Fache ihrer Standardabweichung, wenn die unabhängige Variable um eine Standardabweichung zunimmt.

2.1 Der Big-Fish-Little-Pond-Effekt

Im Kontext von schulischen Fähigkeitsselbstkonzepten wird der BIRGE zwar im Grundsatz aufgegriffen, aber an entscheidender Stelle auch modifiziert: Denn ursprünglich sah dieser Assimilationseffekt im Sinne von Cialdini et al. (1976) keinen Zusammenhang zwischen den Fähigkeiten bzw. dem Leistungsniveau auf Gruppen- und Individualebene vor (siehe Exkurs „Der Basking-in-Reflected-Glory-Effekt"), weil sich die Domänen auf Gruppen- und Individualebene unterscheiden (sportliche Fähigkeiten auf Gruppenebene vs. Selbstwert auf Individualebene).

Dies ist im *schulischen Kontext* anders: Die fokussierte Domäne der schulischen Fähigkeiten und Leistungen ist auf Gruppen- und Individualebene identisch, aber die Individualleistungen haben keinen Beitrag zum Reputationsniveau geleistet, denn es ist zwar davon auszugehen, dass die Leistungsreputation einer Schule auf *zurückliegende* Beobachtungen von (individuellen) Schülerleistungen zurückgeht, aber kaum auf die zum Messzeitpunkt vorliegenden Fähigkeiten der im Hinblick auf das Fähigkeitsselbstkonzept fokussierten Schülerinnen und Schüler. In diesem Sinne ist das *schulische Reputationsniveau* also kausal unabhängig von den Leistungen Letzterer, aber dennoch mit ihnen assoziiert, weil die Schulwahlentscheidungen für eine solche Schule nicht zuletzt vor dem Hintergrund ihrer guten Leistungen (auf einer vorher besuchten Schule!) getroffen werden.

Exkurs: Der Basking-in-Reflected-Glory-Effekt
Die Tendenz, sich im Ruhm einer besonders erfolgreichen Gruppe zu sonnen, wurde ursprünglich von Robert Cialdini und Kollegen (1976) postuliert und empirisch untersucht. Auf der Grundlage von Beobachtungen und Befragungen an mehreren US-Universitäten während der Football-Saison zeigte sich, dass die Studierenden nach Siegen des universitätseigenen Teams häufiger Kleidung trugen, die sie als Angehörige ebendieser Hochschule auswies, und in Telefoninterviews nach Niederlagen in den Beschreibungen des Spiels seltener das Wort „wir" verwendeten als in Gesprächen über siegreiche Spiele.

Der Basking-in-Reflected-Glory-Effekt (BIRGE) besagt nach Cialdini et al. (1976) also, dass Menschen ihre Verbindung zu bzw. Mitgliedschaft in einer erfolgreichen Gruppe dazu nutzen, um im Hinblick auf ihren Selbstwert von deren Erfolg zu profitieren, allerdings ohne selbst etwas dazu beigetragen zu haben. Kritisch sei darauf hingewiesen, dass die Studie zwar mittelbar einen Zusammenhang mit dem Selbstkonzept herstellt, diesen aber nicht explizit gemessen und geprüft hat.

Während Marsh (1987) den BIRGE und sein Zusammenspiel mit dem BFLPE zwar theoretisch bedachte, aber empirisch nicht differenziert untersuchte, griffen weitere Studien diese Fragestellung intensiver auf (z. B. Marsh et al. 2001, 2000). Marsh et al. (2001) nutzten die historische Situation der deutschen Vereinigung und die damit verbundenen Feldbedingungen unterschiedlicher Schulsysteme. Es wurde nämlich von einem Kontrast zwischen dem selektiven Schulsystem der alten Bundesrepublik und den, im Übergang befindlichen, Schulen in den Jahren 1991 und 1992 in den (damals) neuen Bundesländern ausgegangen. Die Längsschnittstudie ging von der plausiblen Annahme aus, dass sich die Schülerschaft in letzteren Schulen wegen der eher egalitären Ausrichtung des einheitlichen (und nicht dreigliedrigen) DDR-Schulsystems leistungsheterogener zusammensetzte und soziale Vergleiche dort von den Lehrkräften stärker betont wurden (Marsh et al. 2001, S. 330).

Im Zuge der Angleichung der *ostdeutschen Schulen* an das *westdeutsche System* erwarteten Marsh et al. (2001) einerseits, dass der BFLPE zwar unter beiden Bedingungen auftritt, aber zunächst unter ostdeutschen Schülern geringer ausfällt und sich dann unter den neuen Bedingungen der Dreigliedrigkeit dem westdeutschen Niveau angleicht. Andererseits postulierten sie, dass mit dem Besuch eines Gymnasiums, dem Schultyp mit dem höchsten Renommee, ein Assimilationseffekt verknüpft sei, indem der BIRGE das schulische Fähigkeitsselbstkonzept positiv beeinflusst.

Anhand des mathematischen Fähigkeitsselbstbilds zeigte sich ein klarer Einfluss des BFLPE, sodass die Wirkung der durchschnittlichen Klassenleistung auf das Fähigkeitsselbstbild auch für das *deutsche Schulsystem* bestätigt werden konnte. In dem quasiexperimentellen Design erwies sich zudem eine Verstärkung des BFLPE unter den Bedingungen der Selektivität der Schulkarriere, da der negative Einfluss der mittleren Klassenleistung unter westdeutschen Schülern stärker ausgeprägt war als im ostdeutschen Sample und diese Differenzen im Längsschnitt abnahmen und nach einem Jahr gänzlich verschwanden. Schließlich fanden Marsh et al. (2001) auch eine Bestätigung des BIRGE mit einem positiven Einfluss auf das mathematische Selbstkonzept, wenngleich der empirische Nachweis lediglich indirekt erfolgte.

Während also der Fischteicheffekt auch für *deutsche Schulen* klar empirisch erhärtet werden konnte, fanden sich für den BIRGE lediglich Hinweise. Auch die ebenfalls längsschnittliche Untersuchung von Marsh et al. (2000) stellte diese beiden Effekte gegenüber. Sie prüften an einer knapp 8000-köpfigen Stichprobe im hoch selektiven Schulsystem von Hongkong den BFLPE und den Prestigeeffekt sowie deren Zusammenspiel ebenso explizit wie differenziert. Die Ergebnisse der Studie bekräftigten nachdrücklich sowohl die Annahmen des Big-Fish-Little-Pond-Effekts als auch des BIRGE. Die durchschnittliche Klassenleistung beeinflusste das schulische (individuelle) Fähigkeitsselbstkonzept substanziell negativ, während das wahrgenommene Prestige der Schule eine positive Wirkung ausübte

2.1 Der Big-Fish-Little-Pond-Effekt

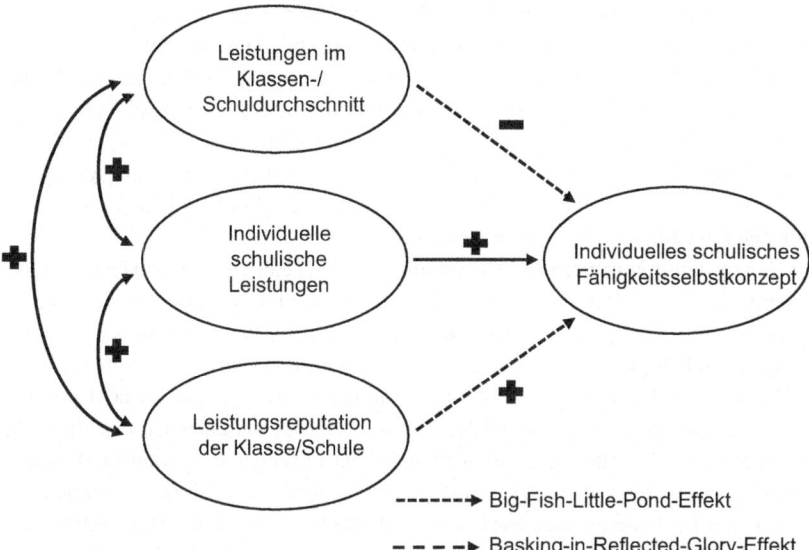

Abb. 2.3 Unterschiedliche Wirkungen des Big-Fish-Little-Pond-Effekts und des Basking-in-Reflected-Glory-Effekts. (Eigene schematische Darstellung)

(Abb. 2.3). Da die Größenordnung des negativen Kontrasteffekts des BFLPE allerdings deutlich höher ausfiel als der positive Assimilationseffekt des BIRGE, schwächte dieser die negative Wirkung des BFLPE lediglich geringfügig ab, sodass im Gesamtergebnis der Besuch einer leistungsstarken und prestigeträchtigen Schule mit einem ungünstigeren Fähigkeitsselbstkonzept verbunden war.

Dieses Zusammenspiel von *kontrastivem Fischteicheffekt* und – quantitativ markant geringer ausgeprägtem – *assimilativem Prestigeeffekt* konnten für das deutsche Schulsystem die querschnittlichen Studien von Trautwein et al. (2006, 2009) anhand großer Stichproben empirisch bestätigen. Zudem zeigte sich, dass die negativen Wirkungen des BFLPE unter leistungsstärkeren Schülerinnen und Schülern deutlich geringer ausfielen als bei leistungsschwächeren (Trautwein et al. 2009).

Das Auftreten des Big-Fish-Little-Pond-Effekts kann im deutschen Schulsystem insbesondere im *Übergang von der Grund- zu einer weiterführenden Schule* beobachtet werden (Möller und Trautwein 2020). Mit dem Wechsel auf ein Gymnasium, der mit dem Eintritt in eine im Vergleich mit der Grundschule leistungsstärkeren Klasse verbunden ist, kann man in der Regel infolge des BFLPE eine Abnahme der schulischen Fähigkeitsselbstbilder feststellen. Denn während viele Heranwachsende in der *Grundschule* noch zu den Besten ihrer Klasse zählten, erzielen sie in der *neuen Gymnasialklasse* häufig schlechtere Noten und sind nun auch mit mehr Schülerinnen und Schülern konfrontiert, die ähnliche oder bessere Leistungen erreichen. Entsprechend bieten sich nun weitaus mehr Aufwärtsvergleiche an, sodass im Mittel ein gegenüber der Grundschule gesunkenes Fähigkeitsselbstkonzept beobachtet wird. Demgegenüber profitieren diejenigen, die von der Primarauf eine Hauptschule wechseln, von der nun leistungsschwächeren Bezugsgruppe in der Sekundarstufe, indem sich die positive Wirkung des Fischteicheffekts in einem günstigeren Fähigkeitskonzept niederschlägt.

Wegen dieser gegenteiligen Auswirkungen des BFLPE, die etwa in einer Längsschnittstudie von Lüdtke et al. (2005) in einem großen deutschen Sample bestätigt werden konnten, zeigt sich in der Sekundarstufe I insgesamt eine Annäherung der schulischen Fähigkeitsselbstkonzepte von Schülern verschiedener Schulformen.

Wenngleich die überwiegende Zahl von Studien im internationalen und deutschen Raum den BFLPE zumeist anhand des Zusammenhangs zwischen den Leistungen in standardisierten Tests und dem Fähigkeitsselbstkonzept empirisch prüften (z. B. Marsh und Hau 2003; Marsh et al. 2001), sind Designs seltener, die auch *Lehrerurteile* bzw. *Schulnoten* berücksichtigen (Trautwein et al. 2006; Wolff et al. 2021). Allerdings kommt vor allem den Leistungsrückmeldungen der Lehrkräfte eine besondere Rolle zu (Trautwein et al. 2006), denn es zeigte sich, dass der BFLPE zu großen Anteilen über die erteilten Schulnoten vermittelt wird.[1] Dieser Mechanismus ist plausibel, weil Schüler vor allem durch Rückmeldungen ihrer Lehrkräfte Informationen über ihre Fähigkeiten und Leistungen erhalten (siehe auch Band 1, Abschn. 3.4).

Zudem tendieren Lehrkräfte dazu, in leistungsstarken Klassen eher schlechtere Zensuren zu erteilen, wie z. B. Trautwein und Baeriswyl (2007) an Grundschulen beobachten konnten, und *je nach besuchter Schulform* niedrigere (Hauptschule) bzw. höhere Maßstäbe (Gymnasium) bei der Beurteilung heranzuziehen (Trautwein et al. 2006). Im Ergebnis wirkten die durchschnittlichen Leistungen einer Schulklasse negativ auf die erteilten Schulnoten, sodass die Zensuren zwar positiv mit dem Fähigkeitsselbstbild assoziiert waren, aber die negativen Effekte der mittleren Klassenleistungen auf das Selbstkonzept gleichzeitig über die Zensuren vermittelt wurden (Abb. 2.4).

---

[1] Der Effekt der Schulnoten im Rahmen des BFLPE ist allerdings durch die Neigung von Lehrkräften eingeschränkt, ihre Zensurengebung an der Gauß'schen Normalverteilung, also an einem klasseninternen Bezugssystem, zu orientieren (Ingenkamp und Lissmann 2008). Im Ergebnis erteilen Lehrkräfte typischerweise also wenige sehr gute Noten, sehr viele Zensuren im mittleren Bereich und wiederum wenige schlechte Noten. Daher informieren Noten zwar die Schüler über ihre Leistungen im Vergleich zu ihren Mitschülern recht gut, sie sind aber als Indikatoren der mittleren Klassenleistung weniger geeignet (Trautwein et al. 2006) und führen zu einer Unterschätzung des BFLPE.

2.1 Der Big-Fish-Little-Pond-Effekt

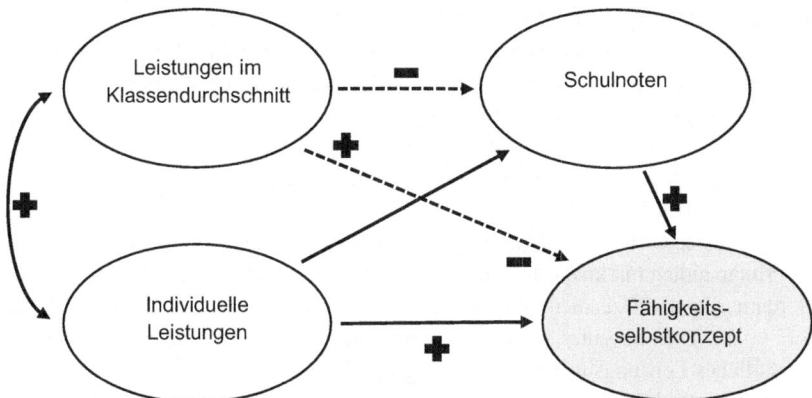

Abb. 2.4 Erweitertes Modell des Big-Fish-Little-Pond-Effekts. (Modifiziert in Anlehnung an Trautwein et al. 2006, S. 790)

Dieser *Mediatoreffekt* wird dabei offenbar von der Bezugsnormorientierung der Lehrkraft nicht beeinflusst (Lüdtke et al. 2005). Dieser Befund ist überraschend, weil denkbar wäre, dass eine Akzentuierung einer individuellen Bezugsnorm – also bei der Benotung die individuelle Leistungsentwicklung stärker zu berücksichtigen als die Leistungen der Mitschüler (soziale Bezugsnorm) – den BFLPE abpuffert. Nach den Ergebnissen von Lüdtke et al. (2005) wirkt sich eine individuelle Bezugsnormorientierung der Lehrkräfte zwar günstig auf die Fähigkeitsselbstkonzepte der Schülerinnen und Schüler aus, vermag aber den BFLPE nicht zu beeinflussen.

Wie schon erwähnt, ist der BFLPE breit und gut empirisch dokumentiert. Sowohl *mathematische und verbale als auch allgemeine schulische Fähigkeitsselbstkonzepte* werden – unabhängig vom Alter der Schüler – durch soziale Bezugsgruppeneffekte in der dargestellten Art und Weise (z. B. Marsh et al. 2014; Wouters et al. 2011) in vielen verschiedenen gesellschaftlich-kulturellen und Bildungssystemen substanziell beeinflusst (Marsh und Hau 2003; Nagengast und Marsh 2012). Auch scheint der schulische BFLPE erstaunlich lange zu wirken (Marsh et al. 2007), wie einige Studien andeuten. Keyserlingk et al. (2020) fanden Konsequenzen dieses Bezugsgruppeneffekts auch noch im Studium, und Göllner et al. (2018) konnten entsprechende Muster sogar nach 50 Jahren beobachten.

Es ist also in der Forschung mittlerweile unstrittig, dass es sich beim BFLPE um einen *schulpädagogisch bedeutsamen Wirkungszusammenhang* handelt – weniger eindeutig ist aber, wie *hoch* der Big-Fish-Little-Pond-Effekt ausfällt. Allein für das deutsche Schulsystem schwankt der Einfluss des BFLPE zwischen recht geringen Effekten (z. B. Becker und Neumann 2016) sowie schwachen und mittleren Größenordnungen (Nagengast und Marsh 2012; Preckel und Brüll 2010; Trautwein et al. 2006). Da diese uneinheitlichen Befunde zumeist auf grundsätzlich unterschiedliche Studiendesgins, Operationalisierungen der durchschnittlichen Klassen-, zuweilen Schulleistung sowie die Berücksichtigung weiterer Faktoren, wie z. B. des Alters, des Geschlechts oder der Intelligenz und Lernmotivation, zurückgehen dürften, erlauben vor allem differenzierte Metaanalysen eine generelle Einschätzung der Größenordnung des BFLPE.

Die jüngste vorliegende *Metaanalyse* von Fang et al. (2018) basiert auf insgesamt 33 Primärstudien mit knapp 1,3 Mio. Schülerinnen und Schülern aus Europa, Asien, Nordamerika und Ozeanien. Sie ermittelte eine *mittlere Effektgröße* des BFLPE von $\beta = -0{,}28$. Dies bedeutet, dass ein um eine Standardabweichung erhöhtes durchschnittliches Leistungsniveau der Bezugsgruppe eine Verringerung des schulischen Fähigkeitsselbstbildes in Höhe des 0,28-Fachen seiner Standardabweichung zur Folge hat.

Darüber hinaus scheint der BFLPE in *Abhängigkeit vom Alter*, wenn auch in bescheidener Größenordnung, zu variieren. In der Grundschule betrug der Effekt $\beta = -0{,}21$, in der Sekundarstufe I $\beta = -0{,}28$ und in der Sekundarstufe II $\beta = -0{,}32$. Dabei spielte es keine Rolle, ob der BFLPE anhand des durchschnittlichen Leistungsniveaus der Klasse oder der Schule geprüft wurde. Wohl aber zeigten sich Unterschiede im Hinblick auf die adressierte schulische Fähigkeitsdomäne. Der BFLPE fiel mit $\beta = -0{,}31$ am größten aus, wenn das Selbstkonzept der muttersprachlichen Fähigkeiten fokussiert wurde, und erreichte $\beta = -0{,}30$ im Bereich der mathematisch-naturwissenschaftlichen Fähigkeitsselbstbilder, während sich im Zusammenhang mit den allgemeinen schulischen Fähigkeiten der geringste Einfluss von $\beta = -0{,}22$ zeigte.

Insgesamt gesehen ist der Big-Fish-Little-Pond-Effekt also für schulische Fähigkeitsselbstkonzepte überzeugend empirisch dokumentiert. Sein Grundgedanke kann prinzipiell aber auch für andere Facetten des mehrdimensionalen Selbstkonzepts Geltung beanspruchen. So scheint es ebenso plausibel, dass soziale Vergleiche mit Bezugs- oder Referenzgruppen auch das Selbstbild der sozialen Beziehungen (zu Peers oder den Eltern), des Aussehens oder der körperlich-sportlichen Fähigkeiten beeinflussen. Mit Ausnahme von außerschulischen Fähigkeitsselbstkonzepten liegen hierzu national wie international aber keine belastbaren Forschungsbefunde vor.

Außerhalb der Schule dürfte der BFLPE im Hinblick auf jene Selbstkonzeptfacetten besonders relevant sein, die im Zusammenhang mit Leistungen und Fähigkeiten stehen. Entsprechende Forschungsbefunde liegen hierzu aber in weit geringerem Ausmaß und lediglich im Hinblick auf das *körperlich-sportliche* und ansatzweise für das *künstlerische Fähigkeitsselbstkonzept* vor. So konnten Burleson et al. (2005) beobachten, dass die Teilnahme an einer selektiven, etwa einmonatigen Highschool-Sommerschule für künstlerisch Talentierte vor allem Aufwärtsver-

2.1 Der Big-Fish-Little-Pond-Effekt

gleiche provozierte, die vielfach in ein ungünstiges künstlerisches Fähigkeitskonzept mündeten. Es war aber auch die Tendenz zu finden, Aufwärtsvergleiche im Sinne von anregender künstlerischer Inspiration zu nutzen.

Demgegenüber konnte eine Studie an polnischen Sekundarschulen (Karwowski 2015) den BFLPE im Hinblick auf das *kreative Selbstkonzept* nicht bestätigen. Dieser Befund sollte allerdings mit Vorsicht betrachtet werden, weil hier die künstlerisch-kreative *Selbstwirksamkeit* und die subjektive Wichtigkeit von Kreativität als abhängige Variablen bzw. Konstrukte gewählt wurden. Es wurden also keine im eigentlichen Sinne domänenspezifischen Fähigkeitsselbstkonzepte untersucht. Insbesondere im Zusammenhang mit der Selbstwirksamkeit ist das Ergebnis nicht überraschend, weil schon aufgrund der theoretischen Konzeptualisierung dieses Konstrukts ein BFLPE nicht zu erwarten ist (Marsh et al. 2019).

Bevor auf den BFLPE insbesondere im Rahmen von Bewegung und Sport eingegangen wird, soll der Blick zunächst auf *kritische Argumente* gegenüber diesem Wirkungsmechanismus gerichtet werden, denn aus dieser Perspektive finden sich bemerkenswerte Hinweise, die für das Auftreten, die Bedeutung und Beurteilung des BFLPE im sportiven Kontext relevant sind.

Die Forschung zum Big-Fish-Little-Pond-Effekt ist vereinzelt auch kritisiert worden. Insbesondere die Argumentation von Dai und Rinn (2008) bietet einige wichtige Anregungen, obwohl sie in der seitdem publizierten Forschung erstaunlich wenig Resonanz gefunden hat. Vor allem kritisieren Dai und Rinn (2008), dass der BFLPE die *Komplexität sozialer Vergleiche* zu stark vereinfache und verkürze sowie den aktiven Charakter von Vergleichsprozessen unterschlage. Demnach würden soziale Vergleiche je nach Kontext, Personenmerkmalen (z. B. kognitivem Entwicklungsstand) und Zielen einerseits durchaus in *unterschiedlicher Richtung* vollzogen, also die eigenen Leistungen mit stärkeren, leistungsähnlichen oder -schwächeren Mitschülern, aber auch anderen Bezugsgruppen außerhalb der jeweiligen Klasse verglichen.

Daher könne man lediglich aufgrund des durchschnittlichen Leistungsniveaus einer Schulklasse *nicht pauschal auf Aufwärts- bzw. Abwärtsvergleiche* schließen, sondern müsse die individuellen Präfenzen mitbetrachten, weil soziale Vergleiche nicht nur durch strukturelle Bedingungen provoziert werden, sondern sich auch im Kontext von Motivation und Coping einstellen.

Zwar drängt das selektive Schulsystem *strukturell* zu Aufwärtsvergleichen im großen und Abwärtsvergleichen im kleinen Teich, aber *selbst gewählte* Vergleichsrichtungen seien in der BFLPE-Forschung bisher kaum berücksichtigt worden. Auch könnten anderseits Abwärts- und Aufwärtsvergleiche – je nach Situation und Kontext – sowohl positive als auch negative Wirkungen entfalten.

Ein *Aufwärtsvergleich* könne im Sinne einer Inspiration für ein günstiges Selbstkonzept dienen sowie ein Gefühl der Unterlegenheit mit negativem Einfluss erzeugen: „Thus, directionality of social comparison does not automatically produce positive or negative consequences on self-concept in a linear fashion, as the BFLPE hypothesis proposes" (Dai und Rinn 2008). Dieses Argument scheint insbesondere jenseits schulischer Fähigkeitsselbstkonzepte relevant, da es denkbar scheint, dass Teilnehmer eines Bewegungsprogramms nach einer negativen Erfahrung von einem Vergleich mit sportlich leistungsfähigeren Personen profitieren, weil sie anschaulich einen Programmerfolg antizipieren.

2.1.2 Der Big-Fish-Little-Pond-Effekt im Kontext des sportlichen Fähigkeitsselbstkonzepts

Erste Hinweise auf den BFLPE im Bereich des Sports lieferten wohl Perry und Marsh (2003) im Hinblick auf *Hochleistungsschwimmer*, deren Platzierung auf nationalen Ranglisten einen ungünstigen Einfluss auf ihr Selbstkonzept ausübte. Systematischer und vor dem Hintergrund des klassischen BFLPE-Modells wurde der Mechanismus im Hinblick auf das turnerische Fähigkeitsselbstbild im regulären französischen *Sportunterricht* ins Visier genommen (Chanal et al. 2005). An einer Stichprobe von gut 400 Schülerinnen und Schülern der 7. bis 9. Klasse wurden die turnerischen Fertigkeiten mithilfe eines (videogestützten) Expertenratings und ihre *turnerischen Selbstkonzepte* zu Beginn und zum Ende einer zehnwöchigen, obligatorischen Unterrichtsreihe erhoben. Bereits zum ersten Messzeitpunkt zeigte sich ein klarer negativer Effekt der durchschnittlichen turnerischen Klassenleistungen in bemerkenswerter Höhe von $\beta = -0{,}46$ auf das Fähigkeitsselbstbild, der nach etwa zehn Wochen auf $\beta = -0{,}68$ anwuchs, wobei der Einfluss der individuellen turnerischen Leistungen in etwa gleich ($\beta = 0{,}59$ bzw. $\beta = -61$) blieb. Auch unter Kontrolle des Fähigkeitsselbstbilds zu Beginn der Unterrichtsreihe blieb die Wirkung der mittleren Klassenleistung mit $\beta = -0{,}35$ (unabhängig von Alter oder Geschlecht) erhalten, sodass der BFLPE bestätigt werden konnte.

In einer jüngeren längsschnittlichen Studie über zwei Jahre mit knapp 1300 australischen Schülerinnen und Schülern fanden Marsh et al. (2015) den BFLPE in der *Sekundarstufe I* ebenfalls bestätigt. Sie verglichen die Entwicklung der Fähigkeitsselbstkonzepte von *hochleistungssportlichen und sportlich unauffälligen Jugendlichen*, die gemeinsam eine Schule mit akzentuierter Sportorientierung und entsprechend hohem Prestige besuchten. Während die Athletinnen und Athleten sich einem selektiven Aufnahmewettbewerb unterziehen mussten, wurde der Schulbesuch auch sportlich nicht engagierten Jugendlichen aus dem lokalen Einzugsgebiet gewährt. Daher umfasste die Stichprobe knapp 500 *Hochleistungssportler* und etwa 800 *Nichtathleten*, die zweimal jährlich einen Fragebogen zum generellen körperlich-sportlichen Fähigkeitsselbstbild beantworteten.

2.1 Der Big-Fish-Little-Pond-Effekt

Es zeigte sich, dass das Fähigkeitsselbstkonzept der Athleten gegenüber den sportlich Unauffälligen zu Beginn des Schulbesuchs substanziell höher ausfiel und im Verlauf des Schulbesuchs stetig abnahm, sodass gegen dessen Ende keinerlei Unterschiede mehr zwischen sportlich hoch Aktiven und Unauffälligen zu beobachten waren. Die Autoren interpretieren diesen Verlauf als Bestätigung des Fischteicheffekts, weil sie die höheren Fähigkeitsselbsteinschätzungen der Leistungssportler beim Schuleintritt einem geringen Leistungsniveau in ihren vorherigen schulischen Referenzgruppen („kleiner Teich") zuschreiben und die neuen Bezugsgruppen an der sportorientierten Schule zum großen Teil aus ebenfalls hoch leistungsstarken Athleten bestehen („großer Teich").

Auch für das *deutsche Schulsystem* und den *Sportunterricht* konnte der BLFPE gezeigt werden. In einem längsschnittlichen Sample von knapp 1100 *Grundschülerinnen und -schülern* prüfte Gerlach (2006) diesen Bezugsgruppeneffekt anhand breiter motorischer, fähigkeitsorientierter Testleistungen zu Beginn und erzielten Sportnoten am Ende der 3. Klasse sowie dem körperlich-sportlichen Fähigkeitsselbstkonzept gut ein Jahr später in der 4. Klasse. Dabei wurde das sportliche Fähigkeitsselbstbild durch die individuelle Testleistung mit $\beta = 0{,}55$ recht gut vorhergesagt, aber durch die mittlere Klassenleistung gleichzeitig substanziell negativ beeinflusst ($\beta = -0{,}24$). Dieses Muster zeigte also deutlich den postulierten Fischteicheffekt bereits in der Grundschule, der sich allerdings bei Einbeziehung der Sportnote ($\beta = 0{,}38$) erwartungskonform auf $\beta = -0{,}16$ abschwächte. Auch für den Sportunterricht gilt also, dass der BFLPE vor allem über die Lehrkräfterückmeldungen, insbesondere Zensuren, vermittelt wird.

Mit komplexeren mehrfaktoriellen Regressions- und Mehrebenenmodellen analysierten Trautwein et al. (2008) den Datensatz der zuvor skizzierten Längsschnittstudie von Gerlach (2006) und berücksichtigten gleichfalls nicht nur motorische Testleistungen und Fähigkeitskonzepte zu zwei Messzeitpunkten, sondern auch die Sportnoten. In zeitlicher Hinsicht konnten so Zusammenhänge zwischen den im Verlauf der 3. Grundschulklasse ermittelten motorischen Leistungen und Fähigkeitsselbstbildern, der am Ende dieses Schuljahres erteilten Zeugnisnote und dem körperlich-sportlichen Fähigkeitsselbstkonzept gegen Ende der 4. Klasse geprüft werden. Die komplexe Analyse konnte den Fischteicheffekt im Kontext des *körperlich-sportlichen Fähigkeitsselbstkonzepts* in der Grundschule klar bestätigen. Das durchschnittliche motorische Leistungsniveau der besuchten Schulklasse beeinflusste das zeitgleiche Fähigkeitsselbstkonzept in Höhe von B = $-0{,}36^2$ und vermochte seine mehr als ein Jahr später beobachteten Ausprägungen immerhin noch mit B = $-0{,}21$ recht gut vorherzusagen (Abb. 2.5).

---

[2] Da aufgrund der verwendeten Analyseverfahren keine standardisierten Regressions- bzw. Pfadkoeffizienten (β) zur Verfügung standen, konnten nur unstandardisierte Koeffizienten (B) berichtet werden. Weil alle relevanten Variablen auf Individualebene zuvor z-standardisiert (M = 0; SD = 1) wurden, können die B-Werte näherungsweise wie standardisierte Koeffizienten interpretiert werden (Trautwein et al. 2008). Die zusätzlich berichteten Effektgrößen auf Klassenebene zeigen entsprechend ähnliche Werte.

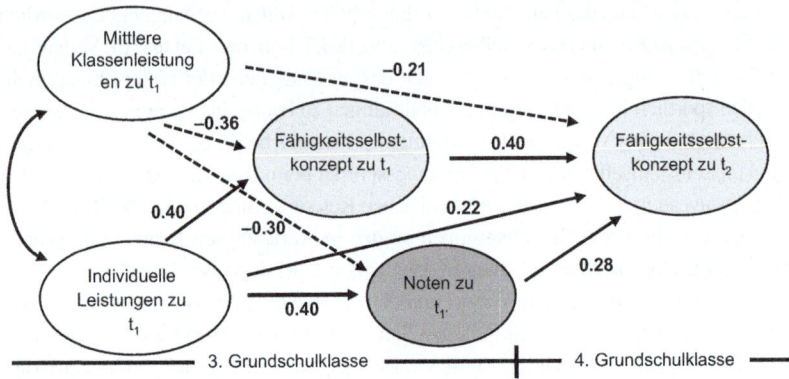

Abb. 2.5 Erweiterter Big-Fish-Little-Pond-Effekt motorischer Leistungen. (Modifiziert nach Trautwein et al. 2008; unstandardisierte Pfadkoeffizienten aus verschiedenen Regressionsmodellen)

Auch beeinflusste das *klassenspezifische Leistungsniveau* in moderater Größenordnung (B = −0,30) die erteilten *Schulnoten* Ende der 3. Grundschulklasse. Je höher also die motorischen Leistungen in einer Klasse im Durchschnitt ausfielen, desto ungünstiger tendierten sowohl die individuellen Zeugnisnoten als auch die Fähigkeitskonzepte. Ebenso deutlich wird, dass der negative Effekt der motorischen Klassenleistungen auf spätere Fähigkeitsselbstbilder substanziell durch die *Zeugnisnoten* vermittelt wurde (B = 0,28), die wiederum aber selbst durch das mittlere Klassenniveau ungünstig beeinflusst werden (B = −0,30).

Bemerkenswert ist allerdings, dass der BFLPE in der Domäne sportlicher Fähigkeiten bereits auftrat, *bevor Sportnoten überhaupt erteilt wurden.* Der Fischteicheffekt darf also nicht nur als Ergebnis von Benotungsprozessen verstanden werden. Dies dürfte einerseits daran liegen, dass Lehrkräfte im sportunterrichtlichen Alltag ihren Schülerinnen und Schülern *Leistungsrückmeldungen* auch jenseits von Zeugniszensuren geben.

Daher kommt der Art und Weise von *Rückmeldungsprozessen* auch im Sportunterricht eine bedeutsame Rolle in der Entwicklung von Fähigkeitsselbstkonzepten zu. Andererseits dürften die Schulkinder im Sportunterricht weitaus besser über die Leistungen ihrer Mitschüler informiert sein als in den anderen Schulfächern. Denn während unterrichtliche Leistungen in den kognitiv akzentuierten Fächern zumeist allein dann beobachtbar werden, wenn Schüler auf Lehrkraftfragen oder -impulse reagieren, sind motorische Leistungen im Sportunterricht nahezu durchgängig präsent und wahrnehmbar. Zudem dürften den Schülern bereits in diesem Alter die *Be-*

2.1 Der Big-Fish-Little-Pond-Effekt

urteilung von Leistungen im Sportunterricht leichter fallen als in anderen Fächern, weil ihnen vor dem Hintergrund außerschulischer Erfahrungskontexte weitaus besser bekannt ist, was als gute oder schlechte Leistung gilt. Gerade motorische Leistungsunterschiede sind auch Grundschülern zumeist unmittelbar zugänglich, denn es wird sofort augenfällig, wer schneller oder ausdauernder läuft, weiter springt oder wirft, den Ball zielgenauer passt oder sicherer fängt, im Spiel mehr Treffer erzielt als andere.

Zudem ist auf die *Größenordnung* des BFLPE im Rahmen des *körperlich-sportlichen Fähigkeitskonzepts* hinzuweisen. Auch wenn die in den Studien von Gerlach (2006) und Trautwein et al. (2008) berichteten Pfadkoeffizienten (wegen der fehlenden Standardisierung) nur annähernd mit den Werten anderer Studien vergleichbar sind, fallen – bei gebotener Vorsicht – doch *Unterschiede zur Größenordnung* des BFLPE im Bereich der schulischen Fähigkeitsselbstkonzepte auf. Denn nach der Metaanalyse von Fang et al. (2018) erreicht der Fischteicheffekt in den kognitiv akzentuierten Domänen der Primarschule international im Mittel eine Höhe von $\beta = -0{,}21$ (ohne Einbeziehung der abschwächenden Wirkung von Schulnoten). In einer deutschen Stichprobe (allerdings in der 2. Grundschulklasse) beobachteten Lohbeck und Möller (2017) sogar eine recht geringe Wirkung auf das mathematische ($\beta = -0{,}13$) und keinen signifikanten Effekt auf das muttersprachliche Selbstkonzept ($\beta = -0{,}14$).

Im vergleichbaren Regressionsmodell ohne Kontrolle weiterer Prädiktoren (z. B. der Schulnote) zeigte sich bei Trautwein et al. (2008) ein nahezu dreimal so hoher negativer Einfluss der mittleren Leistungen auf Klassenebene ($\beta = -0{,}39$). Es deutet sich also an, dass der Fischteicheffekt im Bereich des körperlich-sportlichen Fähigkeitsselbstkonzepts zumindest im Grundschulalter *ausgeprägter ist als im Hinblick auf kognitive schulische Selbstbilder.*

Das ist auch deshalb überraschend, weil die Schulklasse hinsichtlich der körperlich-sportlichen Leistungen nicht die einzige verfügbare *Referenzgruppe* darstellen dürfte, da davon auszugehen ist, dass knapp 60 % der Mädchen und gut 70 % der Jungen auch außerhalb der Schule (zumeist in einem Sportverein) organisiert sportlich aktiv sind (Züchner 2013). Obwohl also einem Großteil der Kinder auch soziale Vergleiche *außerhalb der eigenen Schulklasse* zur Verfügung stehen und vor allem im Sportverein eher Leistungsstärkere zu finden sein dürften, scheint der schulklassenspezifische BFLPE dennoch eine große Wirkung auszuüben. Daher darf die Bedeutung des Sportunterrichts in der Grundschule im Hinblick auf das Selbstkonzept und möglicherweise die weitere Entwicklung des Sportengagements nicht unterschätzt werden.

Dass der Fischteicheffekt im Zusammenhang mit dem körperlich-sportlichen Selbstkonzept auch im *Verlauf der weiteren Schulkarriere* wirksam ist, konnten Gerlach et al. (2007) in ihrer (auf dem gleichen Forschungsprogramm beruhenden) Längsschnittstudie an knapp 1000 Schülern und Schülerinnen aus 66 Schulklassen zeigen, die von der 3. Grundschulklasse bis in die 6. Klasse verschiedener weiterführende Schulformen beobachtet wurden. Auch hier wurden standardisierte Leistungen in einem mehrdimensionalen Test sportmotorischer Fähigkeiten (Koordination, Gleichgewicht, Schnelligkeit) zum ersten Messzeitpunkt in Beziehung zu den sportlichen Fähigkeitsselbstbildern gesetzt, allerdings gegenüber der Studie von Gerlach (2006) mit komplexeren statistischen Verfahren analysiert, die der Mehrebenenstruktur der Daten (Individual- und Klassenebene) Rechnung trugen.

Zwar sank das sportlich-körperliche Fähigkeitsselbstbild über die knapp drei Schuljahre leicht, wies aber mit r = 0,41 eine moderate Stabilität auf. Die mittlere motorische Testleistung auf Klassenebene in der Grundschule beeinflusste mit B = −0,33 nicht nur das sportliche Fähigkeitsselbstbild in der 3. Klasse negativ, sondern auch noch in der Sekundarstufe (B = −0,37). Dieser negative Effekt blieb auch unter Kontrolle des grundschulischen Selbstkonzepts (B = 0,34) erhalten und schwächte sich erwartungskonform auf B = −0,26 ab (Abb. 2.6). Im Sinne des Fischteicheffekts attestierten sich Schüler und Schülerinnen also dann ein höheres sportliches Fähigkeitsselbstkonzept, wenn ihre Klasse im Mittel ein niedriges Leistungsniveau aufwies. Lernten sie in einer Klasse mit einer durchschnittlich hohen Leistungsfähigkeit, erreichten sie – bei identischer motorischer Testleistung! – ein niedrigeres Fähigkeitskonzept.

Da die sportunterrichtlichen Leistungen in der Regel keinen Zusammenhang mit den Übergängen in die verschiedenen Schulformen der Sekundarstufe I aufweisen (weil Übergangsempfehlungen und Schulwahl auf die Leistungen in den

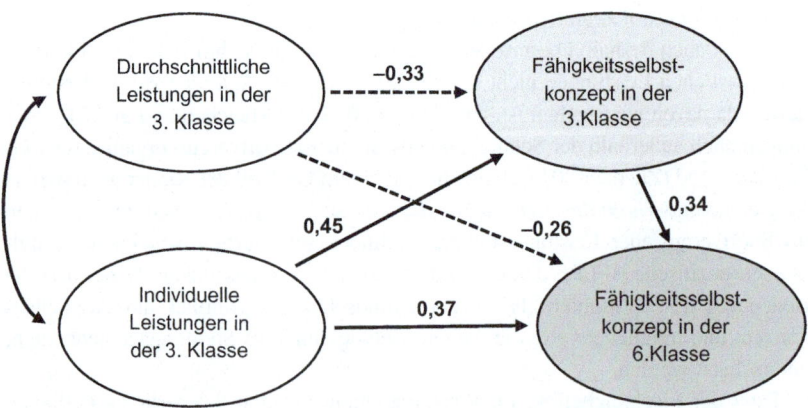

Abb. 2.6 Der Big-Fish-Little-Pond-Effekt der sportlichen Leistungen im Zeitraum von der 3. bis zur 6. Klasse. (Nach Daten von Gerlach et al. 2007, S. 78; unstandardisierte Pfadkoeffizienten aus verschieden Regressionsmodellen)

2.1 Der Big-Fish-Little-Pond-Effekt

kognitiv akzentuierten Fächern zurückgehen), hatte zudem die Schulformzugehörigkeit erwartungskonform keinen Einfluss auf die Entwicklung des Selbstkonzepts bzw. des BFLPE.

Hervorzuheben sind die *Größenordnung* und *Beständigkeit* des BFLPE aus der Primarstufe, denn dessen negative Wirkung blieb auch in der Höhe selbst nach dem Wechsel der Bezugsgruppe infolge des Übergangs auf die weiterführende Schule erhalten. Dies bedeutet, dass Schüler, die in der Grundschule in einer sportmotorisch leistungsstarken Klasse waren, nicht nur zu diesem Zeitpunkt ein ungünstigeres Fähigkeitsselbstbild aufwiesen, sondern diese Erfahrungen selbst dann nachwirkten, wenn der Sportunterricht in einer ganz neu zusammengesetzten Schulklasse stattfand.

Dieser Befund ist deshalb *überraschend*, weil sich der BLFPE im Hinblick auf die kognitiv akzentuierten schulischen Leistungen nach Lage der Forschung gerade im Übergang auf verschiedene Formen der weiterführenden Schule und damit verbundenen Bezugsgruppenwechsel deutlich bemerkbar macht. Eine hohe Beständigkeit des negativen Effekts des durchschnittlichen Leistungsniveaus in der Grundschulklasse bis in die Sekundarstufe I ist aus der einschlägigen Forschung zu schulischen Fähigkeitskonzepten daher auch nicht bekannt. Im Gegenteil: Becker und Neumann (2016) beobachteten mit Blick auf die Beständigkeit oder Persistenz des BFLPE für die mathematischen und verbalen Fähigkeitskonzepte eine negative Wirkung des Leistungsniveaus gegen Ende der Grundschule auf das Selbstkonzept in dieser Phase der Schullaufbahn ($\beta = -0{,}21$), die sich aber schon ein Jahr später nahezu halbiert hatte ($\beta = -0{,}12$) und in der 6. Klasse nicht mehr nachweisbar war. Demgegenüber sagten die durchschnittlichen Leistungen in der 5. Klasse die entsprechenden Fähigkeitsselbstkonzepte der 6. Klasse mit $\beta = -0{,}30$ recht gut voraus (Becker und Neumann 2016). Der grundschulische Fischteicheffekt hatte seine Wirkung also nach dem schulischen Übergang rasch und substanziell verloren, und an seine Stelle trat ein BFLPE, der auf Referenzgruppeneffekte in der neuen Schulklasse zurückging.

Für den überraschenden Befund im Hinblick auf das körperlich-sportliche Fähigkeitskonzept lassen sich *verschieden Erklärungen* heranziehen. Zunächst ist darauf hinzuweisen, dass die Fähigkeitsselbstbilder über Items erhoben wurden, die sich auf generelle sportliche Fähigkeiten und nicht sportunterrichtliche Leistungen beziehen. Wenn man dann bedenkt, dass Sport eine jugendtypische Altersnorm darstellt und dass sportliche Erfahrungen nicht nur im Sportunterricht gesammelt werden, sondern überwiegend auch im Sportverein oder informellen Kontext,[3] könnten

---

[3] Nach den jüngsten verfügbaren und belastbaren Daten geben in dem entsprechenden Altersbereich 88–92 % der Jungen und 75–79 % der Mädchen an, außerhalb der Schule Sport zu treiben (Züchner 2013). Knapp 90 % dieser Aktivitäten erfolgen selbstorganisiert und informell, gut 70 % der Jungen und zwischen 52 und 59 % der Mädchen zwischen 9 und 12 Jahren wählen ein organisiertes Sportangebot außerhalb der Schule, also zum überwiegenden Großteil im Sportverein (Züchner 2013).

auch – oder gar vornehmlich – Bezugsgruppen außerhalb des Klassenunterrichts für soziale Vergleiche herangezogen worden sein. Angenommen diese außerschulischen Bezugsgruppen, vor allem im Sportverein, wären personell vergleichsweise stabil, ergäbe sich die beobachtete Beständigkeit des grundschulischen BFLPE. Allerdings ließe sich die Unabhängigkeit des Fischteicheffekts von der Schulform in der Sekundarstufe mit diesem Argument weniger gut plausibilisieren, denn wegen des markanten Einflusses der besuchten Schulform auf die Vereinsmitgliedschaft wäre zu erwarten, dass in der *Hauptschule* ein geringeres durchschnittliches Leistungsniveau erreicht wird, weil der Anteil von Vereinssportlerinnen und -sportlern lediglich zwischen gut einem Viertel und etwa 40 % liegen dürfte (Burrmann et al. 2016).

Demgegenüber ist von einem höheren mittleren sportlichen Leistungsniveau vor allem in *Gymnasien* auszugehen, weil hier mehr als 60 % der Schüler und Schülerinnen Mitglied in einem Sportverein sein dürften (Burrmann et al. 2016). Und schließlich gibt es Hinweise darauf, dass an Hauptschulen von einem geringeren motorischen Fähigkeitsniveau auszugehen ist, denn der mit der besuchten Schulform assoziierte familiäre Sozialstatus beeinflusst mehr oder weniger deutlich die körperlich-sportliche Leistungsfähigkeit: Je niedriger der Sozialstatus ist, desto niedriger fallen die sportlichen Leistungsfähigkeiten aus (Bös et al. 2009).

Daher ist anzunehmen, dass Hauptschülerinnen und -schüler gegenüber Gymnasiastinnen und Gymnasiasten über geringere motorische Fähigkeiten verfügen, sodass sich mit dem Schulwechsel ein BFLPE-Muster einstellen sollte, das dem der kognitiv akzentuierten Fächer entspricht. Kompensiert werden könnte dieses Muster allerdings durch die Teilnahme an schulischen Arbeitsgemeinschaften, da Hauptschülerinnen und Hauptschüler in außerunterrichtlichen Sportangeboten der Schule weitaus häufiger aktiv sind als Gymnasiasten (Burrmann 2020),[4] sodass hier einerseits weitere Referenzgruppen zur Verfügung stehen und andererseits auch das motorische Leistungsniveau der Hauptschulklassen höher ausfallen könnte.

Insgesamt gesehen konnte der Big-Fish-Little-Pond-Effekt im Hinblick auf das körperlich-sportliche Fähigkeitsselbstkonzept mittlerweile auch empirisch recht breit bestätigt und dokumentiert werden. Allerdings zeigen sich auch einige Unklarheiten, insbesondere im Hinblick auf die Beständigkeit des BFLPE im Rahmen des Wechsels von der Primar- zu Sekundarschule. Daher lässt sich für die zukünftige Forschung empfehlen, die Präferenzen bei sozialen Vergleichen sowohl im Hinblick auf den situationalen Kontext als auch hinsichtlich der Vergleichsrichtung bei der Untersuchung des sportiven BFLPE ebenso zu berücksichtigen wie zeitnah erhobene motorische Leistungen.

---

[4] Allerdings nehmen unabhängig von der Schulform lediglich 14,3 % der 9- bis 12-Jährigen an Schulsportarbeitsgemeinschaften teil (Züchner 2013).

2.2 Das Internal/External-Frame-of-Reference-Modell

Fähigkeitsselbstkonzepte sind als generalisierte Selbsteinschätzungen zu verstehen, die aus Kompetenzerfahrungen in entsprechenden Situationen und Kontexten, insbesondere in Schule, Studium, Beruf oder Freizeitaktivitäten, hervorgehen. Besonders gut erforscht sind Fähigkeitsselbstbilder und ihre Entwicklung in der Schule. So konnte sowohl in US-amerikanischen Highschools als auch in der deutschen gymnasialen Oberstufe beobachtet werden, dass die Kurswahlen durch entsprechende Fähigkeitskonzepte der Schüler und Schülerinnen beeinflusst werden (Möller und Köller 2004).

Im ursprünglichen mehrdimensionalen Modell des Selbstkonzepts gingen Shavelson et al. (1976) davon aus, dass die fachspezifischen Fähigkeitsselbstkonzepte (von Schülerinnen und Schülern) eng miteinander korreliert seien, und postulierten auf einer höheren Abstraktionsebene ein generelles, fächerübergreifendes Selbstkonzept der schulischen Fähigkeiten (Band 1, Abschn. 2.2.1). Die danach einsetzende empirische Forschung zeigte aber rasch, dass zwar die *mathematischen und muttersprachlichen Leistungen* in der Schule eng zusammenhingen, nicht aber die korrespondierenden Fähigkeitsselbsteinschätzungen. Schülerinnen, die in Deutsch gute Noten erzielen, erhalten also auch mit hoher Wahrscheinlichkeit eine gute Zensur in Mathematik. Demgegenüber gab es aber keine Zusammenhänge zwischen dem muttersprachlichen und mathematischen Fähigkeitsselbstkonzept, sodass sich z. B. Schüler mit einem hohen mathematischen Fähigkeitsselbstbild zuweilen sehr gute, oft mittlere und häufig auch sehr niedrige muttersprachliche Fähigkeiten attestierten.

Zudem zeigte sich in Faktorenanalysen, dass das *postulierte generelle schulische Selbstkonzept* im Zusammenhang mit fächerspezifischen Selbstkonzepten nicht hinreichend empirisch identifizierbar war (Marsh et al. 1988). Vielmehr erwies sich ein Modell überlegen, das einen Großteil der fächerspezifischen Fähigkeitskonzepte zwei klar unterscheidbaren Selbstkonzeptfacetten zuordnete: einem verbalen schulischen Fähigkeitsselbstkonzept und einem mathematisch-naturwissenschaftlichen Fähigkeitsselbstkonzept (Abb. 2.7).

2.2.1 Das Internal/External-Frame-of-Reference-Modell im Kontext schulischer Fähigkeitsselbstkonzepte

Vor dem Hintergrund der überraschenden, divergenten Korrelationsmuster zwischen einerseits mathematischen und muttersprachlichen Leistungen und andererseits mathematischen und muttersprachlichen Fähigkeitsselbstkonzepten ent-

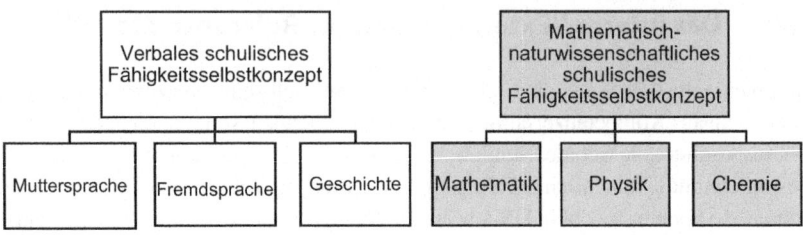

Abb. 2.7 Modifiziertes Modell der schulischen Fähigkeitsselbstkonzepte. (Modifiziert in Anlehnung an Marsh et al. 1988, S. 371)

wickelte Marsh (1986a) einen erklärenden Ansatz: das Internal/External-Frame-of-Reference-Modell (I/E-Modell). Dieses Muster geht von *zwei unterschiedlich wirksamen Bezugsgruppeneffekten* aus (vgl. z. B. Möller und Trautwein 2020):

1. In *externen*, also interindividuellen oder sozialen, Vergleichen setzen Schüler ihre Leistungen in einem Unterrichtsfach in Beziehung zu den Leistungen ihrer Mitschüler (external frame of reference). Damit verbunden sind in der Regel recht hohe Korrelationen zwischen den individuell erzielten Leistungen und Fähigkeitsselbstbildern in einem Schulfach, denn Schüler, die gute Leistungen erreichen, entwickeln entsprechend ein positives Fähigkeitsselbstkonzept, während eher schlechte Leistungen in eher ungünstige Selbsteinschätzungen münden.
2. Zugleich greifen Schüler aber auch auf eine weitere Informationsquelle zurück, indem sie ihre Leistungen in einem Unterrichtsfach mit denen in einem anderen Fach vergleichen. Sie nutzen also einen *internalen* Bezugsrahmen (internal frame of reference), setzen demnach z. B. ihre Leistungen in Mathematik ins Verhältnis zu denen im muttersprachlichen Unterricht („Wie gut bin ich in Mathe im Vergleich zu Deutsch?"). In diesem Muster lassen sich daher grundsätzlich eine (adressierte) Zieldomäne und eine Maßstabsdomäne unterscheiden, die aber miteinander unauflösbar verkettet sind.

Schließlich führen diese dimensionalen Vergleichsprozesse zwischen einer Zieldomäne und einer Maßstabsdomäne zu Ab- oder Aufwertungen des Fähigkeitsselbstbildes in der *Zieldomäne*. Verfügt etwa eine Schülerin in Mathematik über schlechtere Leistungen als im Fach Deutsch, sollten ihre muttersprachlichen Fähigkeitsselbsteinschätzungen (Zieldomäne) günstiger ausfallen (Aufwertung). Statistisch resultieren aus diesem Muster in Pfadmodellen negative Pfade von den erzielten Leistungen in der *Maßstabsdomäne* auf das Fähigkeitsselbstbild in der Zieldomäne,

2.2 Das Internal/External-Frame-of-Reference-Modell

da höhere Leistungswerte (in unserem Beispiel: muttersprachliche Leistungen) negativen Selbsteinschätzungen (im Beispiel: Mathematik) gegenüberstehen. Erzielt die Schülerin aber bessere Leistungen in Mathematik als in Deutsch, wird ihr muttersprachliches Fähigkeitskonzept negativ beeinflusst. Im Ergebnis mündet dies gleichfalls in pfadanalytisch negative Koeffizienten.

Da in einem solchen dimensionalen Vergleich beide Vergleichsrichtungen (also Ziel- und Maßstabsdomäne) unweigerlich miteinander verschmolzen sind, dürfte sich das *Verhältnis von Ziel- und Maßstabsdomäne* im Zuge des Vergleichsprozesses mehr oder weniger gleichzeitig umkehren. Fokussiert die Schülerin zunächst das muttersprachliche Fähigkeitsselbstbild (Zieldomäne), dienen die mathematischen Leistungen als Maßstabsdomäne – zugleich wird aber durch den Vergleich mit den muttersprachlichen Schulleistungen (jetzt Maßstabsdomäne) das mathematische Fähigkeitsselbstkonzept (jetzt Zieldomäne) beeinflusst. Daher ist zu erwarten, dass einer Abwertung des einen fachspezifischen Fähigkeitsselbstkonzepts gleichzeitig eine Aufwertung des anderen gegenübersteht. Auch dieses Muster führt in Pfadmodellen statistisch zu negativen Pfadkoeffizienten, weil Leistungen und nichtkorrespondierende Fähigkeitseinschätzungen in jeder Kombination Werte in gegenteiliger Richtung (hoch – niedrig) aufweisen. Daher ergibt sich grundsätzlich das in Abb. 2.8 dargestellte Pfadmodell.

Das I/E-Modell ist forschungshistorisch entwickelt worden, bevor die *Theorie dimensionaler Vergleiche* systematischer ausgearbeitet wurde. Vor deren Hintergrund lassen sich die Auswirkungen des I/E-Modells aber in erster Linie als *Kontrasteffekte* verstehen (Möller und Köller 2004). Offenbar nehmen Schülerin-

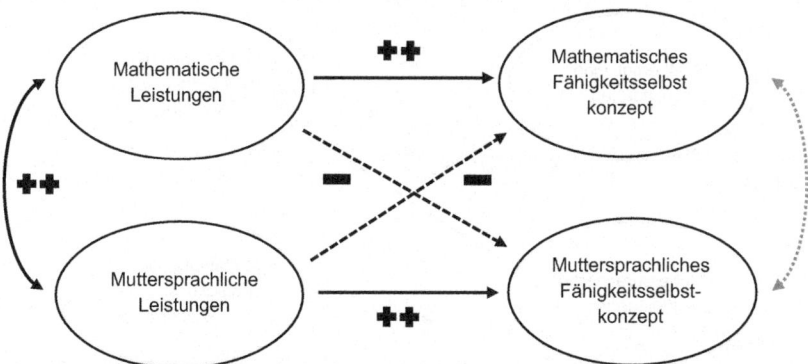

Abb. 2.8 Ursprüngliches Internal/External-Frame-of-Reference-Modell. Gestrichelte Pfade entsprechen sozialen Vergleichen, durchgezogene Pfade dimensionalen Vergleichen. (Modifiziert nach Möller und Trautwein 2020, S. 199)

nen und Schüler Unterschiede ihrer Leistungen in verschiedenen Schulfächern überspitzt war. Sie neigen dazu, ihre Leistungen in schwächeren Fächern schlechter einzuschätzen, als sie wirklich sind, und umgekehrt überschätzen sie ihre Leistungen in Fächern, in denen sie gut abschneiden (Möller und Trautwein 2020). Im Ergebnis zeigt sich daher eine bemerkenswerte Differenz, ein Kontrast zwischen den entsprechenden fachspezifischen Fähigkeitsselbstkonzepten.

Das I/E-Modell konnte mittlerweile für schulische Fähigkeitsselbstkonzepte in einer Vielzahl empirischer Studien bestätigt werden und ist daher empirisch gut dokumentiert. Für die Zusammenhänge von mathematischem und muttersprachlichem Selbstkonzept fanden Möller et al. (2009) in ihrer *Metaanalyse*, die 69 Einzelstudien mit insgesamt gut 125.000 Schülerinnen und -schülern umfasste, kaum Assoziationen zwischen beiden Fähigkeitsselbstkonzepten (r = 0,10) und demgegenüber hohe Korrelationen zwischen den Leistungen in den beiden Domänen (r = 0,67). Erwartungskonform zeigten die Pfadmodelle, dass die fachspezifischen Leistungen maßgeblich die Höhe der Fähigkeitsselbsteinschätzungen beeinflussten (Mathematik: β = 0,61; Muttersprache: β = 0,49). Die Wirkungen der dimensionalen Vergleiche im I/E-Modell waren ebenso klar erkennbar: Der mittlere Pfadkoeffizient von den mathematischen Leistungen auf das muttersprachliche Fähigkeitsselbstbild war negativ und betrug β = −0,21; das mathematische Fähigkeitsselbstbild wurde im Durchschnitt ebenfalls mit β = −0,27 von den muttersprachlichen Schulleistungen beeinträchtigt (Abb. 2.9).

Ferner erwiesen sich die Muster des I/E-Modells als unabhängig vom *Alter und Geschlecht* der Schüler sowie unbeeinflusst vom gesellschaftlich-kulturellen Kon-

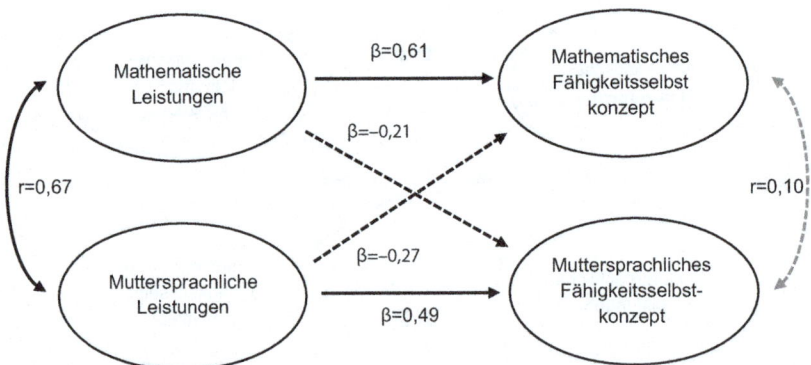

Abb. 2.9 Empirisches Pfadmodell des I/E-Modells für das mathematische und das muttersprachliche Fähigkeitsselbstkonzept. (Eigene Darstellung nach metaanalytischen Daten von Möller et al. 2009)

2.2 Das Internal/External-Frame-of-Reference-Modell

textes bzw. vom Schulsystem. Zwar fielen die Zusammenhänge zwischen den Leistungen in beiden Domänen und die Pfadkoeffizienten von den jeweiligen Leistungen auf die entsprechenden fachspezifischen Fähigkeitsselbstbilder höher aus, wenn Schulnoten als Leistungsindikatoren (gegenüber standardisierten Tests) eingesetzt wurden. Aber die interessierenden Pfadkoeffizienten von den mathematischen Leistungen auf das muttersprachliche Selbstkonzept sowie von muttersprachlichen Leistungen auf das mathematische Fähigkeitsbild erreichten ähnliche Größenordnungen.

Auf der Grundlage der Theorie dimensionaler Vergleiche (Möller und Marsh 2013; Band 1, Abschn. 4.3.3) ist das I/E-Modell erweitert worden. Während zunächst nur die Fächer Mathematik und Muttersprache bedacht und erforscht wurden, erlaubt das *generalisierte I/E-Modell* (GI/E-Modell) eine Erweiterung seines Geltungsbereichs auf weitere Unterrichtsfächer und auch Domänen außerhalb des Bildungskontexts (Möller et al. 2016). Zwar erstreckt sich das GI/E-Modell grundsätzlich auch auf Aspekte jenseits von Selbstkonzeptfacetten (z. B. Lernfreude oder Interesse), soll hier aber lediglich im Hinblick auf Fähigkeitsselbstkonzepte behandelt werden. Das generalisierte Modell geht davon aus, dass eine Person ihre Fähigkeiten und Leistungen in einer Domäne (z. B. Musik) mit denen in einer anderen Domäne (z. B. Sport) vergleicht und diese Vergleiche Wirkungen auf die jeweiligen nichtkorrespondierenden Fähigkeitsselbsteinschätzungen ausüben (Abb. 2.10).

Empirisch konnte das *GI/E-Modell* grundsätzlich in etlichen Studien bestätigt werden. Im Hinblick auf ein größeres Spektrum an Schulfächern zeigte die neuere Metaanalyse von Möller et al. (2020) auf der Basis von 505 Datensätzen mit mehr

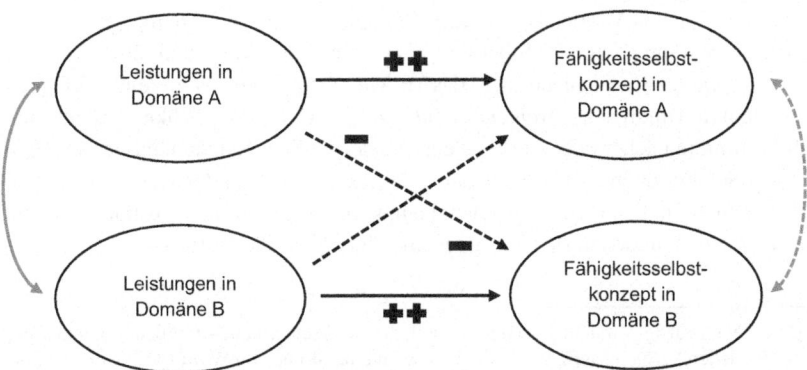

Abb. 2.10 Generalisiertes I/E-Modell von Fähigkeitsselbstkonzepten. (Eigene Darstellung).

als 800.000 Schülerinnen und Schülern positive Zusammenhänge zwischen den Leistungen in den verschiedenen Unterrichtsfächern sowie positive Pfadkoeffizienten zwischen Leistungen und thematisch korrespondierenden Fähigkeitsselbstkonzepten, aber – wie postuliert – negative Koeffizienten der Pfade von Leistungen auf nichtkorrespondierende Fähigkeitsselbstbilder.

Waren sich die Fächer sehr unähnlich (z. B. Physik und Geschichte), ergaben sich stärkere dimensionale *Kontrasteffekte*, bei Vergleichen von verbal akzentuierten Fächern (z. B. Deutsch und Geschichte) traten dagegen nur schwache Kontraste auf, und innerhalb der mathematisch-naturwissenschaftlichen Fächer fanden sich kaum Kontrastwirkungen. Zudem konnte beobachtet werden, dass sich Kontrasteffekte von sozialen und dimensionalen Vergleichen umso deutlicher zeigten, je älter die Schüler waren. Daher zeigen sich negative Wirkungen des GI/E-Modells stärker in der Sekundstufe als in der Grundschule. Zudem fielen die Kontraste höher aus, wenn die fachlichen Leistungen mittels Noten (gegenüber standardisierten Tests) erhoben wurden. Abgesehen von dem GI/E-Modell lieferte die Studie schließlich auch eine überzeugende empirische Bestätigung der Annahme von zwei globalen, aber divergenten schulischen Fähigkeitsselbstkonzepten im Sinne von Marsh et al. (1988).

Eine zusätzliche Erweiterung des klassischen I/E-Musters stellt das jüngst vorgestellte *2I/E-Modell* dar (Wolff et al. 2019). Ausgehend von der Typologie von Vergleichsprozessen (Band 1, Abschn. 4.3) werden neben *sozialen* und *dimensionalen* auch *temporale* Vergleiche in das Modell integriert, das nun zwei internale und einen sozialen Vergleichsprozess berücksichtigt (Abb. 2.11). Die wenigen vorliegenden Studien (Müller-Kalthoff et al. 2017; Wolff et al. 2018a, b; Wolff et al. 2019) mahnen momentan zu eher vorsichtigen Einschätzungen. Ihre Ergebnisse deuten aber darauf hin, dass die Effekte sozialer Vergleiche stärker ausfallen als bei dimensionalen Vergleichen, während temporale Vergleiche demgegenüber die geringste Wirkung zeigen (Möller und Trautwein 2020; Wolff et al. 2018b).[5]

Schulpädagogisch bedeutsam ist das I/E-Modell bzw. seine Weiterentwicklungen vor allem im Hinblick auf *Wahlentscheidungen*, wenn die Möglichkeit besteht, sich für bestimmte Fächer oder Kurse zu entscheiden. Neben Nützlichkeitserwägungen neigen Schülerinnen und Schüler dazu, diejenigen Fächer oder Kurse zu wählen, die mit einem hohen fachspezifischen Fähigkeitsselbstkonzept verknüpft sind, und die zu meiden, in denen sie niedrige Fähigkeitsselbstbilder aufweisen.

---

[5] Dass gegenwärtig Vorsicht im Hinblick auf die unterschiedlichen Größenordnungen der verschiedenen Vergleichseffekte geboten ist, zeigt eine Studie von Wolff (2021), die auf eine Überschätzung von sozialen Vergleichseffekten hinweist. Vor diesem Hintergrund schlägt er eine Revision des I/E-Modells vor, die das Zusammenspiel von sozialen und dimensionalen Vergleichen angemessener modelliert (Difference I/E Model; Wolff 2021).

2.2 Das Internal/External-Frame-of-Reference-Modell

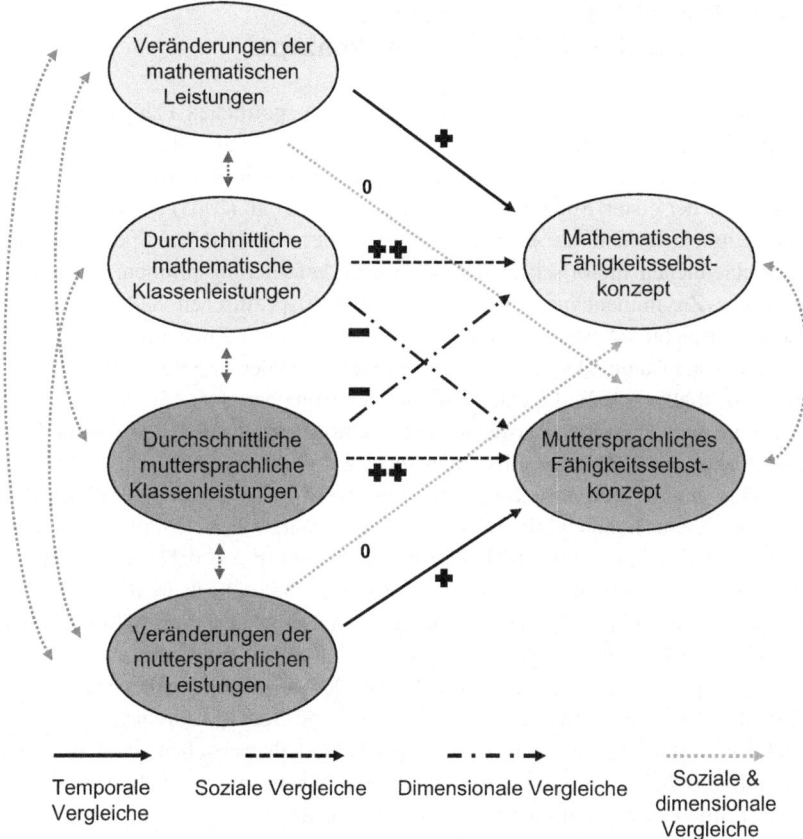

Abb. 2.11 2I/E-Modell von Fähigkeitsselbstkonzepten. (Nach Wolff et al. 2019)

Aber auch im Hinblick auf weniger grundsätzliche Aspekte sind fachspezifische Fähigkeitsselbstkonzepte relevant, denn je nach Ausprägung wirken schulische Selbstkonzepte auf das (Fach-)Interesse, Emotionen, wie das *Wohlbefinden* in Schule und Unterricht, *Motivationen*, wie die Lernausdauer oder Anstrengungsbereitschaft, und schließlich auf die erzielten *Lernleistungen*. So kann z. B. angenommen werden, dass ein durch das Muster des I/E-Modells beeinflusstes, niedrigeres Fähigkeitsselbstkonzept in einem Schulfach sich ungünstig auf die Unterrichtsbeteiligung auswirkt oder Versuche, herausfordernde Aufgaben zu lösen, frühzeitiger aufgegeben werden (Eckert et al. 2006).

2.2.2 Das I/E-Modell im Kontext des sportlichen Fähigkeitsselbstkonzepts

Im Hinblick auf das Selbstkonzept der körperlich-sportlichen Fähigkeiten bzw. entsprechende mehrdimensionale Konzeptualisierungen wurde das Internal/external Frame of Reference-Modell bislang nur vereinzelt thematisiert.

In einer der ersten Studien untersuchten Tietjens et al. (2005) etwas unübliche Fähigkeitsselbstbilder von *Sportstudierenden* in vier verschiedenen Sportarten[6] mit unterschiedlichen motorischen und kognitiven Anforderungsprofilen. Es fanden sich enge Zusammenhänge zwischen den sportartspezifischen Selbstkonzepten und den erreichten Abschlussnoten in den entsprechenden Praxisprüfungen, während die Noten kaum oder deutlich schwächer miteinander zusammenhingen (Fuß- und Basketball: r = 0,26; Leichtathletik und Schwimmen: r = 0,27).

Konnten die erreichten Leistungen in Strukturgleichungsmodellen also die korrespondierenden Fähigkeitsselbstbilder recht gut vorhersagen (von $\beta = 0{,}58$ bis $\beta = 0{,}77$), zeigten sich nur teilweise die erwarteten Pfadkoeffizienten infolge des I/E-Effekts. So konnten signifikante negative Wirkungen lediglich von den Schwimmleistungen auf das fußballerische Selbstbild ($\beta = -0{,}21$) sowie von der Leichtathletikleistung auf die Fähigkeitsselbstkonzepte im Basketball ($\beta = -0{,}24$) und Schwimmen ($\beta = -0{,}21$) beobachtet werden. Das Muster des I/E-Modells mit negativen Effekten auf die Zieldomäne ließ sich also nur dann beobachten, wenn auch die sportlichen Leistungen von Vergleichs- und Zieldomäne miteinander substanziell assoziiert waren. Insofern kann man die Befunde durchaus als grundsätzliche Bestätigung des generalisierten I/E-Modells verstehen, darf aber bezweifeln, ob die Konzeptualisierung von körperlich-sportlichen Fähigkeitsselbstbildern entlang von Sportarten hinreichend fruchtbar ist.

> **Exkurs: Strukturgleichungsmodell**
> Als Strukturgleichungsmodelle (structural equation models, SEM) werden avancierte statistische Verfahren bezeichnet, die sowohl Korrelationen als auch Wirkungen zwischen Konstrukten schätzen und testen können. SEM unterscheiden zwischen *manifesten Variablen* (Indikatoren), die beobachtet

---

[6] Diese Konzeptualisierung ist etwas ungewöhnlich, weil alle bewährten mehrdimensionalen Konstrukte Selbsteinschätzungen auf Grundlage verschiedener motorischer Fähigkeiten, also weitgehend unabhängig von Sportarten oder Bewegungspraxen, modellieren (Band 1, Abschn. 3.2).

2.2 Das Internal/External-Frame-of-Reference-Modell

werden können, und *latenten Variablen* (Konstrukten), die nicht direkt beobachtbar sind, aber durch die Indikatoren gemessen werden können.

Inwieweit die Indikatoren die latenten Variablen abbilden, gibt das sogenannte *Messmodell* an, während die Beziehungen zwischen den latenten Variablen (Konstrukten) im eigentlichen *Strukturmodell* geschätzt werden.

Die Beziehungen im Strukturmodell können korrelativ sein und werden dann zumeist mit dem Koeffizienten r bezeichnet, oder eine kausale Beziehung im Sinne einer Wirkungsrichtung angeben, sodass dann der Pfadkoeffizient als γ (gamma), manchmal auch mit β (beta) bezeichnet wird. Grafisch werden manifeste Variablen durch Rechtecke gekennzeichnet, latente Variablen durch Ellipsen; kausale Pfade werden durch Pfeile und Korrelationen durch Doppelpfeile dargestellt.

Hauptanwendungsbereich von SEM ist die Prüfung von vorab theoretisch begründeten Zusammenhängen zwischen latenten Variablen bzw. Konstrukten. Inwieweit die beobachteten Daten dann mit dem postulierten Modell übereinstimmen, kann dann durch verschiedene Maße der Passungsgüte beurteilt werden.

In der Spur bewährter Konzeptualisierungen von sportlichen Fähigkeitsselbstbildern untersuchte eine längsschnittliche Studie an französischen Sekundarschülerinnen und -schülern dimensionale Vergleichsprozesse im Hinblick auf den *muttersprachlichen, den Mathematik- und den Sportunterricht* (Chanal et al. 2009). Es fanden sich recht enge Zusammenhänge zwischen den – mittels Schulnoten ermittelten – Leistungen in den kognitiv akzentuierten Fächern (r = 0,69) sowie mit den korrespondierenden Selbstkonzepten (Muttersprache: r = 0,50; Mathematik: r = 0,69), während die Leistungen nur sehr schwach mit den Sportzensuren (r = 0,15 und r = 0,19) assoziiert waren und diese wiederum moderat mit dem sportlichen Fähigkeitsselbstbild korrelierten (r = 0,48).

Erzielten also Schüler und Schülerinnen im *muttersprachlichen Unterricht* gute Zensuren, so erreichten sie mit hoher Wahrscheinlichkeit ebenfalls gute Noten im *Mathematikunterricht* und in deutlich geringerem Ausmaß auch im *Sportunterricht*. Demgegenüber konnten keine bemerkenswerten Assoziationen von muttersprachlichem und mathematischem Fähigkeitsselbstkonzept (r = 0,02) oder mit dem sportlichen Selbstbild (Muttersprache: r = 0,02; Mathematik: r = 0,12) beobachtet werden. Strukturgleichungsmodelle zeigten (auch in den Größenordnungen) erwartungsgemäß *negative Pfade* zwischen *Mathematiknoten* und *verbalem Selbstkonzept* (β = −0,37) sowie zwischen *muttersprachlichen*

Leistungen und *mathematischem Selbstbild* ($\beta = -0{,}23$), sodass sich das I/E-Modell bestätigen ließ.

Statistisch auffällige *Kreuzpfade* im Hinblick auf *sportunterrichtliche Leistungen* und *Selbstbilder* fielen sehr schwach aus (verbale Leistung – sportliches Selbstkonzept: $\beta = -0{,}18$) oder waren zwar statistisch signifikant, aber nicht von substanzieller Größenordnung (Sportnote – mathematisches Selbstkonzept: $\beta = -0{,}08$). Die Befunde bekräftigten also das I/E-Modell für die Zusammenhänge zwischen verbaler und mathematischer Fähigkeitsdomäne, können seine Gültigkeit hinsichtlich des Sportunterrichts bzw. des sportlichen Fähigkeitsselbstkonzepts aber nur sehr schwach in Richtung eines partiellen Kontrasteffekts der muttersprachlichen Schulleistungen bestätigen.

Vor dem Hintergrund des generalisierten I/E-Modells ging zudem eine Studie an deutschen Grundschulen (3. Klasse) dimensionalen Vergleichsprozessen im Zusammenhang mit dem *Deutsch-, Mathematik- und Sportunterricht* nach und bezog neben entsprechenden Schulleistungen und Fähigkeitskonzepten auch fachspezifische intrinsische Aspekte (Interesse und Freude) ein (Arens und Preckel 2018). Die komplexen Analysen zeigten zunächst die Eigenständigkeit der gemessenen Konstrukte sowie erwartungskonform innerhalb der drei Domänen moderat positive Zusammenhänge zwischen Schulnoten und Fähigkeitsselbstbildern (von $r = 0{,}44$ bis $r = 0{,}59$), engere Assoziationen zwischen Selbstkonzepten und intrinsischen Werten (von $r = 0{,}64$ bis $r = 0{,}79$), die jeweils höher ausfielen als die Korrelationen zwischen Fachnoten und intrinsischen Einschätzungen (von $r = 0{,}20$ bis $r = 0{,}31$). Die Fachzensuren wiesen zwischen den kognitiv akzentuierten Domänen recht enge Zusammenhänge ($r = 0{,}67$) auf und rangierten zwischen dem Sportunterricht und den beiden anderen Schulfächern deutlich schwächer (jeweils $r = 0{,}32$).–

Das komplexe Strukturmodell (Abb. 2.12) zeigte die nach dem klassischen I/E-Modell (auch in der Größenordnung) zu erwartenden negativen Pfadkoeffizienten der muttersprachlichen Schulleistungen auf das mathematischen Fähigkeitsselbstbild, wie auch die Mathematiknoten das muttersprachliche Selbstkonzept negativ beeinflussten. Das gleiche Muster fand sich auch unter dem Fokus der intrinsischen Einschätzungen, sodass sich auch das generalisierte I/E-Modell in dieser Hinsicht stützen ließ.

Richtet man das Augenmerk auf den *Sportunterricht* bzw. das *sportliche Fähigkeitsselbstbild* und die Freude am Sport, so präsentierte sich ein eher uneinheitliches Bild. Die mittels der Note gemessene Leistung im Sportunterricht vermochte weder das mathematische noch das muttersprachliche Fähigkeitsselbstbild vorherzusagen (jeweils $\beta = -0{,}03$), und auch die Deutschnote übte keinen Einfluss auf das sportliche Fähigkeitskonzept aus ($\beta = -0{,}06$). Allein die Mathematikzensur führte zu einem in der Größenordnung recht geringen (negativen) Kontrasteffekt

2.2 Das Internal/External-Frame-of-Reference-Modell

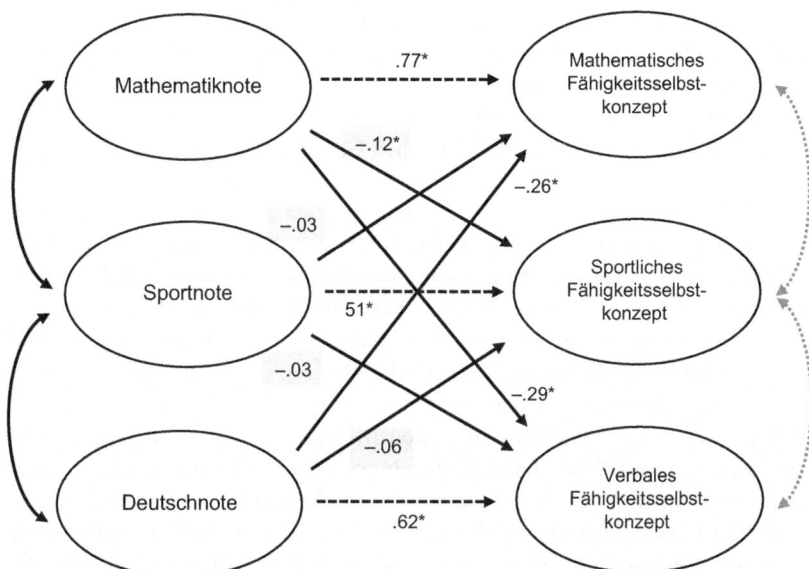

Abb. 2.12 Empirisches Pfadmodell der GI/E-Effekte für die mathematischen, verbalen und sportlichen Fähigkeitsselbstkonzepte. *p < 0,05. (Nach Daten von Arens und Preckel 2018, S. 205)

auf das sportliche Fähigkeitsselbstbild ($\beta = -0{,}13$), und die *Freude am Sportunterricht* wurde durch die muttersprachlichen Leistungen zwar signifikant, aber lediglich schwach negativ beeinflusst ($\beta = -0{,}16$). Erzielten also Grundschüler oder -schülerinnen in Mathematik gute Noten, attestierten sie sich ein etwas ungünstigeres sportliches Fähigkeitsselbstkonzept, und im Falle guter Deutschleistungen äußerten sie etwas weniger Freude am Sportunterricht.

Diese Befunde weisen darauf hin, dass das GI/E-Modell im Zusammenhang mit sportlichen Leistungen und Fähigkeitsbildern die Mechanismen *nur eingeschränkt beschreiben kann*. Zwar scheinen Grundschulkinder kognitiv akzentuierte Schulleistungen teilweise mit motorischen zu vergleichen (Arens und Preckel 2018), aber die divergenten Effekte im Konzert anderer Schulfächer machen, offen gesagt, eher ratlos, als dass sich plausible Erklärungen finden lassen, die andere sportpädagogische oder psychologische Konstrukte oder Erkenntnisse bedenken.

Insgesamt gesehen ist die *Befundlage* im Hinblick auf dimensionale Vergleichsprozesse im Rahmen des I/E-Modells und im Zusammenhang mit Sport und Sportunterricht recht *uneinheitlich* und letztlich *unbefriedigend*. Es bedarf also weiterer

Forschung, die u. a. weitere relevante Konstrukte, wie insbesondere das (Fach-)Interesse, Emotionen und Motivationen, z. B. in Richtung von Lernausdauer oder Anstrengungsbereitschaft, einbezieht.

Bedenkt man die für andere Domänen breit dokumentierten Befunde (Abschn. 2.2.1) und ihre schulpädagogischen Bedeutungen, scheint das GI/E-Modell für schulische Entscheidungen im Hinblick auf Kurswahlen der gymnasialen Oberstufe angesichts der bisherigen Forschungslage eher weniger relevant, weil die sportive Domäne wohl nur eingeschränkt als Maßstabsdomäne herangezogen wird.

Wahlentscheidungen für oder gegen bestimmte *Sportarten*, etwa im Rahmen von sogenannten Neigungsgruppen, könnten durchaus mit Kontrast- oder Assimilationseffekten verknüpft sein, ihre Erforschung bedürfte aber wohl einer fundierteren Konzeptualisierung von sportlichen Fähigkeitskonzepten entlang von Sportarten bzw. Bewegungsfeldern und Bewegungspraxen. Im Hinblick auf außerschulische Wahlentscheidungen käme dem GI/E-Modell möglicherweise dann substanzielle Bedeutung zu, wenn dimensionale Vergleichsprozesse im Zusammenhang mit alternativen Freizeitaktivitäten (Musik, Kunst usw.) in den Blick genommen werden, zu denen gleichfalls Fähigkeitsselbstkonzepte konzeptualisiert wurden. Zudem ließe sich annehmen, dass Kontrast- und Assimilationseffekte im Zuge des GI/E-Modells auch für Wahlen im sportbiografischen Verlauf eine Rolle spielen.

2.3 Die Wichtigkeitshypothese

Nachdem in den beiden vorhergehenden Abschnitten Mechanismen vorgestellt wurden, die das Augenmerk auf bereichsspezifische Facetten des Selbstkonzepts richten, soll nun das generelle Selbstkonzept bzw. das *Selbstwertgefühl* im Mittelpunkt stehen. Der entsprechende Mechanismus der Wichtigkeitshypothese, die im deutschsprachigen Raum auch unter dem Begriff der Zentralität verhandelt wurde (Thomas 1989), geht davon aus, dass die subjektiv empfundene Wichtigkeit von Kompetenzen in einem bestimmten Lebensbereich substanziellen Einfluss auf das allgemeine Selbstwertgefühl ausübt. Diese Wichtigkeitshypothese, die auch darauf beruht, dass kein Mensch in der Moderne in der Lage ist, alle Dinge gleich gut zu beherrschen, ist für etliche Forscher auch deshalb so interessant, weil ihr Kerngedanke bereits vor mehr als *130 Jahren* von William James formulierte wurde:

> „I, who for the time have staked my all on being a psychologist, am mortified if others know much more psychology than I. But I am contented to wallow in the grossest ignorance of Greek. My deficiencies there give me no sense of personal humiliation at all. Had I ‚pretensions' to be a linguist, it would have been just the reverse." (James 1890, S. 310)

2.3 Die Wichtigkeitshypothese

Als langjähriger, leidenschaftlicher Psychologe empfände James es also demütigend, wenn andere viel mehr über Psychologie wüssten als er, während es ihn überhaupt nicht bekümmere, mangelhafte Kenntnisse im Griechischen zu haben. Hätte er allerdings Ansprüche, Sprachexperte zu sein, wäre dies genau umgekehrt. Übertragen auf die heutige Zeit und Heranwachsende, hätte unsere beispielhafte Realschülerin Lea keinerlei Problem damit, kaum über künstlerische Fähigkeiten zu verfügen, wenn ihr diese Domäne herzlich egal ist. Da ihr aber ihr Sport sehr wichtig ist, wäre sie sehr betroffen, wenn ihre sportlichen Leistungen gegenüber anderen Jugendlichen nur sehr bescheiden ausfielen.

Allgemeiner und mit anderen Worten besagt die Wichtigkeitshypothese also, dass die Wichtigkeit, die Menschen im Hinblick auf einen *bestimmten Lebensbereich* und die damit verknüpfte *Selbstkonzeptfacette* empfinden, die Wirkung dieses bereichsspezifischen Selbstkonzepts auf den allgemeinen Selbstwert maßgeblich mitbestimmt. Der Einfluss einer bestimmten Selbstkonzeptfacette auf den Selbstwert ist demnach größer, wenn diese Facette subjektiv als sehr bedeutsam eingeschätzt wird. Und umgekehrt ist der Einfluss kleiner, wenn die spezifische Selbstkonzeptdomäne als eher unwichtig eingestuft wird. Vor dem Hintergrund der Typologie von Vergleichsprozessen (Band 1, Abschn. 4.3) ist die Wichtigkeitshypothese daher zunächst zu den (intraindividuellen) *dimensionalen Vergleichen* zu zählen.

So unmittelbar einleuchtend dieser Mechanismus aus alltagstheoretischer Perspektive im Hinblick auf das sportliche Fähigkeitsselbstkonzept scheint, so uneinheitlich, ja kontrovers sind allerdings die empirischen Forschungsbefunde. Dies hängt insbesondere damit zusammen, dass die postulierten Zusammenhänge zwar zunächst recht einfach scheinen, aber ihre *Modellierung* und die darauf aufbauenden statistischen Prüfungen weitaus komplexer sind (Marsh 2008). Daher zeigt die Entwicklung der Forschungen zur Wichtigkeitshypothese in ganz besonderem Maße, wie eng theoretische Fortschritte mit empirischen Designs, Methoden und Befunden wechselseitig verknüpft sind.

Ohne auf die Details der vor allem mit statistisch-methodischen Argumenten geführten Debatte einzugehen (vgl. hierzu etwa Hardy und Moriarty 2006; Marsh 2008; Lindwall et al. 2011; Sohnsmeyer und Heim 2015), zeichnet sich mittlerweile ein grundlegender Konsens ab, die Wichtigkeitshypothese mithilfe von *Interaktionsmodellen* zu untersuchen.[7] Dieser Ansatz geht davon aus, dass nicht nur das

---

[7] Daneben wurde etliche Jahre auch das sogenannte Diskrepanzmodell verfolgt. Es geht auf die Annahme zurück, Menschen neigten dazu, ihr Selbstkonzept zu schützen, indem sie Selbstkonzeptfacetten in den Domänen abwerten (discounting), in denen sie geringe Fähigkeiten besitzen. Dieses Modell wurde in Form von Diskrepanzwerten methodisch umgesetzt, bei denen der Kompetenzwert in einer Domäne von dessen Wichtigkeitsscore abgezogen wird (Harter 1990).

sportliche Fähigkeitsselbstkonzept sowie die subjektive Wichtigkeit dieser Domäne den allgemeinen Selbstwert beeinflussen, sondern vor allem die Interaktion (Wechselwirkung) von Fähigkeitsselbstkonzept und Wichtigkeit. Methodisch lässt sich ein solches *Interaktionsmodell* mithilfe von Regressionsanalysen recht einfach und aussagekräftig prüfen, indem neben den Prädiktoren des sportlichen Fähigkeitsselbstbilds und der Wichtigkeit von Sport auch deren Interaktion zur Vorhersage des allgemeinen Selbstwerts herangezogen wird. Idealtypisch führt also bei Personen, die ihre sportlichen Fähigkeiten für sehr wichtig halten, eine *kleine Veränderung* des sportlichen Fähigkeitsselbstkonzepts zu *großen Veränderungen* ihres generellen Selbstwerts. Umgekehrt münden selbst große Veränderungen des sportlichen Fähigkeitsselbstbilds nur zu kleinen Wirkungen im Selbstwert, wenn die eigenen sportlichen Fähigkeiten für eher unwichtig gehalten werden. Dieses Muster veranschaulicht Abb. 2.13.

Wohl erstmals untersuchte Marsh (1986b) die Wichtigkeitshypothese an älteren Jugendlichen und jungen Erwachsenen und konnte den erwarteten Effekt lediglich für das *körperlich-sportliche Fähigkeitsselbstbild und* das *Selbstkonzept der Religiosität* beobachten, während sich das Muster in allen übrigen zehn bereichsspezifischen Facetten nicht fand. Eine ähnlich konzipierte Studie an australischen Jugendlichen im Alter von 12 bis 18 Jahren konnte dagegen keinerlei Interaktionseffekt zeigen (Marsh 1994), und auch in einer Untersuchung an erwachsenen Aerobic-aktiven US-amerikanischen Frauen fanden sich keine Hinweise für die Wichtigkeitshypothese.

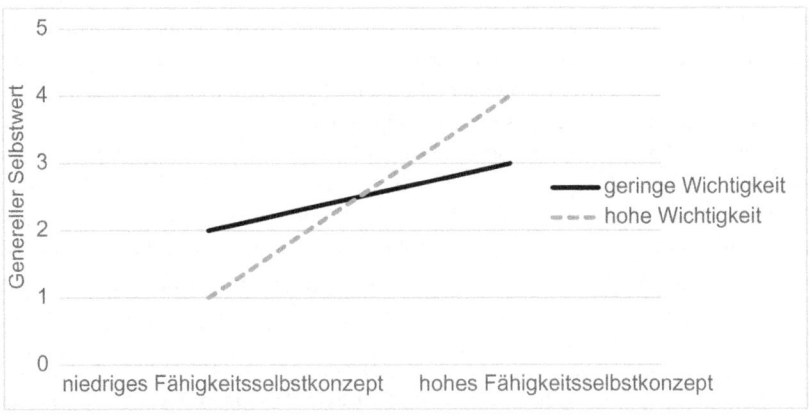

Abb. 2.13 Idealtypischer Interaktionseffekt von Fähigkeitsselbstkonzept und subjektiver Wichtigkeit auf den allgemeinen Selbstwert. (Eigene Darstellung)

2.3 Die Wichtigkeitshypothese

Tab. 2.1 Standardisierte Koeffizienten der Regressionsanalyse zur Vorhersage des generellen Selbstwerts. N = 382. (Nach Dickhäuser und Schrahe 2006, S. 101)

Prädiktoren	β
Fähigkeitsselbstkonzept Sport	0,25
Wichtigkeit Sport	−0,02
Wichtigkeit × Fähigkeitsselbstkonzept	0,23

Im *deutschsprachigen Raum* haben Dickhäuser und Schrahe (2006) den Wichtigkeitseffekt im Hinblick auf das *körperlich-sportliche Fähigkeitsselbstkonzept* querschnittlich untersucht. Bemerkenswert ist, dass in ihrer Studie an einer gymnasialen Stichprobe von 14- bis 15-Jährigen die Wichtigkeit der sportlichen Domäne mithilfe einer Skala von fünf Items erhoben wurde und so das Reliabilitätsproblem von bisher vor allem verwendeten 1-Item-Erfassungen vermieden wurde. Ihre Regressionsanalyse prüfte, inwieweit die Prädiktoren a) des Fähigkeitsselbstkonzepts, b) der Wichtigkeit und c) der Interaktion von Fähigkeitsselbstkonzept und Wichtigkeit das Kriterium des generellen Selbstwerts vorhersagen konnten. Im Ergebnis zeigte sich bei einer Varianzaufklärung von 4 % ein hoch signifikanter Einfluss des sportlichen Fähigkeitsselbstbilds auf den Selbstwert (β = 0,25) sowie der Interaktion beider Prädiktoren (β = 0,23), während die subjektive Wichtigkeit keine Wirkung entfaltete (Tab. 2.1).

Während also die subjektive Wichtigkeit des Sports allein keinen Beitrag zur Erklärung des generellen Selbstwerts leistete, war dieser bei Schülern um ein Viertel einer Standardabweichung höher, wenn ihr Fähigkeitsselbstbild eine Standardabweichung höher ausfiel. Allerdings wirkte sich das Fähigkeitsselbstkonzept unterschiedlich aus, wie das Regressionsgewicht der Interaktion (Wichtigkeit × Fähigkeitsselbstkonzept) zeigte. Schüler mit hoher Wichtigkeitseinschätzung wiesen gegenüber denen, die dem Sport geringe Relevanz zumaßen, einen deutlich niedrigeren Selbstwert auf, wenn sie über ein geringeres Fähigkeitsselbstbild verfügten, und umgekehrt war ihr genereller Selbstwert bemerkenswert größer, sofern ihr Fähigkeitsselbstbild positiv ausgeprägt war (Abb. 2.13). Die Befunde bestätigten also die Wichtigkeitshypothese, sodass die Auswirkungen des körperlich-sportlichen Fähigkeitsselbstkonzepts auf den generellen Selbstwert vor allem bei jenen Heranwachsenden besonders markant auftreten, die dem Sport eine subjektiv hohe Wichtigkeit zuerkennen.

Die zuvor skizzierten Regressionsverfahren und die darauf beruhenden Befunde haben jedoch *substanzielle Kritik* erfahren (etwa Lindwall et al. 2011), weil die Messfehlerproblematik nur unzureichend berücksichtigt wurde. Grundsätzlich geben die gemessenen Werte, gleich ob es sich um Prädiktoren oder um Kriterien handelt, nicht die „wahren" Werte wieder, sondern sie setzen sich aus der Addition von „wahrem" Wert und Messfehler zusammen. Besonders problematisch ist dies im Hinblick auf die Interaktion von Wichtigkeit und Fähigkeitsselbstkonzept, weil diese Interaktion als Produkt beider Prädiktoren modelliert wird, also sich auch die Messfehler multiplizieren (hierzu genauer Sohnsmeyer und Heim 2015). Daher haben Lindwall et al. (2011) vorgeschlagen, die Wichtigkeitshypothese mithilfe von Strukturgleichungsmodellen zu prüfen, weil diese Verfahren eine Bereinigung der Messfehler erlauben (Moosbrugger et al. 2009).

Auf der Basis von solchen Strukturgleichungsmodellen konnten Lindwall et al. (2011) in einer großen Stichprobe an Jugendlichen und jungen Erwachsenen aus Schweden, Großbritannien, Portugal und der Türkei einen die Wichtigkeitshypothese teilweise bestätigenden Interaktionseffekt für die *Fähigkeitsselbstbilder der Kondition, der Kraft und der generellen sportlichen Kompetenzen* beobachten. Demgegenüber trug zwar das *Selbstbild der Attraktivität* am stärksten zum generellen Selbstwert bei, aber nicht dessen Interaktion mit der Wichtigkeit. Allerdings zeigen die Ergebnisse, dass nur *ungünstige sportliche Fähigkeitsselbstkonzepte* bei hoher subjektiver Wichtigkeit zu einem geringeren Selbstwert führen, nicht aber hohe Fähigkeitseinschätzungen zu einem entsprechend günstigeren Selbstwert (Abb. 2.14).

Abb. 2.14 Teilweiser Interaktionseffekt (schematisch) von sportlichem Fähigkeitsselbstkonzept und subjektiver Wichtigkeit auf den allgemeinen Selbstwert. (Nach Ergebnissen von Lindwall et al. 2011, S. 320)

2.3 Die Wichtigkeitshypothese

Vor dem Hintergrund dieser Befunde gingen Scalas et al. (2013) der Wichtigkeitshypothese in einem Sample von britischen und italienischen, 13- bis 15-jährigen Sekundarschülerinnen und -schülern nach, indem sie das Vorgehen von Lindwall et al. (2011) nochmals methodisch verfeinerten. Weder in der britischen noch der italienischen Teilstichprobe ließ sich dabei ein substanzieller Interaktionseffekt identifizieren, sodass der Wichtigkeitseffekt *nicht bestätigt* werden konnte.

Für den *deutschsprachigen Raum* prüften Sohnsmeyer und Heim (2015) die Wichtigkeitshypothese gleichfalls mithilfe von Strukturgleichungsmodellen und berücksichtigten zudem die methodische Kritik bzw. die Verbesserungsvorschläge der einschlägigen Forschungsliteratur. In ihrer großen Stichprobe von Schülern und Schülerinnen verschiedener Schulformen aus Baden-Württemberg und Luxemburg mit einem mittleren Alter von 14,7 Jahren fanden sie gleichfalls *keine Bestätigung* für den postulierten Effekt. Zwar beeinflusste das körperlich-sportliche Fähigkeitsselbstkonzept den generellen Selbstwert substanziell positiv ($\beta = 0{,}63$), und die subjektive Wichtigkeit wirkte in geringer Größenordnung ($\beta = 0{,}24$), aber der für die Hypothese zentrale Pfad der *Interaktion* beider Prädiktoren auf den Selbstwert fiel *minimal* aus ($\beta = 0{,}03$) und erreichte kein Signifikanzniveau. Da sich zudem die Passungsgüte des postulierten Gesamtmodells mit den beobachteten Daten (bei einer Varianzaufklärung von 32 %) durch die Hinzunahme der Interaktion nicht bedeutsam verbesserte, ließ sich also die Wichtigkeitshypothese nicht empirisch stützen.

In einer etwas jüngeren Stichprobe von Schweizer Schülerinnen und Schülern (M = 11,3 Jahre) untersuchten ferner Rubeli et al. (2020) die Wichtigkeitshypothese ebenfalls mithilfe von Strukturgleichungsmodellen. Sie bezogen allerdings neben dem sportlichen Fähigkeitskonzept und der Wichtigkeit auch den globalen körperlichen Selbstwert mit ein, um deren Einflüsse auf das allgemeine Selbstwertgefühl zu prüfen. Dieser Entscheidungen lag das Exercise-and-Self-Esteem-Modell (EXSEM; Sonstroem und Morgan 1989) zugrunde, nach dem das körperlich-sportliche Fähigkeitskonzept vor allem durch die körperlich-sportliche *Selbstwirksamkeit* beeinflusst wird (Abb. 2.15 und Exkurs „Exercise-and-Self-Esteem-Modell").[8]

---

[8] Allerdings wurde das EXSEM nicht konsequent in der Modellierung umgesetzt, da nicht die körperlich-sportliche Selbstwirksamkeit, sondern der globale körperliche Selbstwert erhoben wurde.

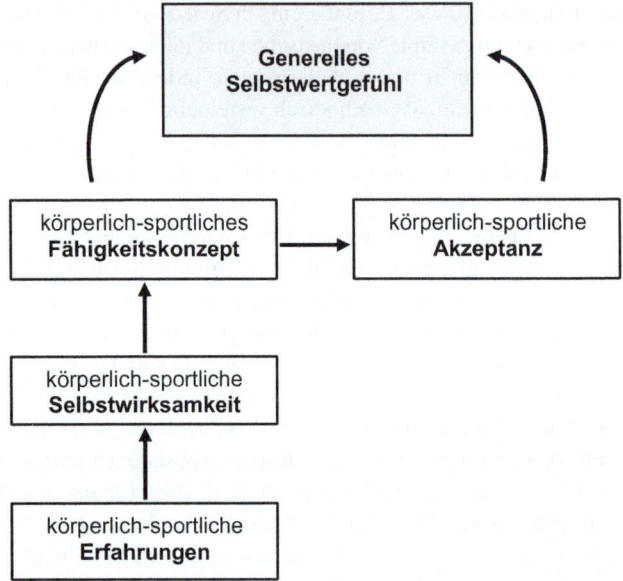

Abb. 2.15 Exercise-and-Self-Esteem-Modell. (Modifiziert nach Sonstroem und Morgan 1989, S. 333)

Exkurs: Exercise-and-Self-Esteem-Modell
Dieses Modell verbindet das mehrdimensionale hierarchische Selbstkonzeptmodell mit der *Selbstwirksamkeitstheorie* von Albert Bandura (1977) und geht auf Sonstroem und Morgan (1989) zurück. Das EXSEM postuliert, dass Erfahrungen im Zuge des Sportengagements sich in einer körperlich-sportlichen Selbstwirksamkeit niederschlagen, also der Überzeugung, sportliche Aufgaben oder Herausforderungen aufgrund der eigenen Fähigkeiten bewältigen zu können. Die Selbstwirksamkeitsüberzeugung wirkt sich dann auf die Einschätzungen der eigenen sportlichen Kompetenz (körperlich-sportliches Fähigkeitsselbstkonzept) aus, die wiederum die körperlich-sportliche Akzeptanz sowie das generelle Selbstwertgefühl beeinflussen (Abb. 2.15). Allerdings konnte das Modell bislang lediglich teilweise, aber nicht in Gänze empirisch bestätigt werden (Conzelmann und Schmidt 2020).

2.3 Die Wichtigkeitshypothese

Die Datenanalyse zeigte die bekannten Wirkungen des sportlichen Fähigkeitsselbstbilds ($\beta = 0{,}44$) wie, geringer ausgeprägt, der Wichtigkeit ($\beta = 0{,}17$) auf den generellen Selbstwert. Die *Interaktion* von Fähigkeitsselbstkonzept und Wichtigkeit beeinflusste den Selbstwerts *nicht signifikant* ($\beta = 0{,}11$) und klärte lediglich 2 % seiner Varianz auf. Allerdings zeigte sich ein kleiner, aber signifikanter indirekter Effekt ($\beta = 0{,}07$) des Interaktionsprodukts auf den Selbstwert, der vollständig über den körperlich-sportlichen Selbstwert vermittelt war.

Rubeli et al. (2020) interpretieren diese Ergebnisse als *Bestätigung der Wichtigkeitshypothese* für jüngere Jugendliche. Diese Einschätzung darf allerdings aus guten Gründen bezweifelt werden, weil der in dem geprüften Modell prominent berücksichtigte globale sportliche Selbstwert nicht nur aus globalen körperlichen Kompetenzurteilen, sondern auch aus Einschätzungen der körperlichen Attraktivität hervorgeht.[9] Daher ist nicht auszuschließen, ja vor dem Hintergrund der bekannten Zusammenhänge zwischen dem jugendlichen Selbstkonzept der Attraktivität und dem generellen Selbstwert (Band 1, Abschn. 3.1) plausibel anzunehmen, dass der vermittelnde Mediatoreffekt des globalen körperlichen Selbstwerts substanziell auf *Attraktivitätseinschätzungen* zurückgeht und das Strukturmodell die Wichtigkeitshypothese in ihrem eigentlichen Sinn gar nicht hinreichend prüfen konnte.

Resümiert man die skizzierten nationalen wie internationalen Befunde (einschließlich der methodischen Kritikpunkte), kann die alltagstheoretisch so plausible Wichtigkeitshypothese empirisch *nicht hinreichend* gestützt werden. Eine wesentliche Erklärung dafür liefern grundsätzliche theoretische Weitentwicklungen und entsprechende empirische Untersuchungen. Der zentrale Gedanke besteht darin, dass die Wichtigkeit einzelner Selbstkonzeptdomänen, wie z. B. der sportlichen Fähigkeiten, durch *gesellschaftlich-kulturelle Normen* so stark vorgespurt ist, dass eine individuelle, subjektive Wichtigkeit kaum noch zutage treten kann.

Einen solchen Mechanismus hat bereits Marsh (1986b) ins Feld geführt, um zu erklären, dass Wichtigkeitseffekte in den Domänen nicht aufgetreten sind, in denen die entsprechenden Fähigkeiten von derart *hoher gesellschaftlicher Bedeutung* sind, dass sich das Individuum dieser nicht entziehen kann. Weil sich etwa Heranwachsende der Relevanz von Leistungen in zentralen Fähigkeitsbereichen oder Schulfächern, wie z. B. der Mathematik oder der Muttersprache, vor dem Hintergrund eines schulischen, aber auch späteren Scheiterns kaum verweigern können, sind die Spielräume für subjektive, individuelle Wichtigkeitseinschätzungen aus-

---

[9] Die verwendeten Skalen weisen im Original Korrelationen von $r = 0{,}43$ zwischen globalem körperlichen Selbstwert und sportlichem Fähigkeitsselbstbild auf, erreichen aber auch im Hinblick auf die Assoziation mit dem Selbstkonzept der Attraktivität eine ähnliche Größenordnung von $r = 0{,}40$ (Braun et al. 2018, S. 121).

gesprochen klein, sodass sich nur sehr geringe Unterschiede ausbilden können. Statistisch schlägt sich dieser Mechanismus in einer geringen Varianz der Wichtigkeitseinschätzungen einer Domäne nieder, sodass die Befragten im Hinblick auf die Wichtigkeit einer Domäne recht ähnlich antworten.

Der angenommene Effekt der Wichtigkeitshypothese, so Marsh (1986b), kann sich statistisch aber vor allem dann einstellen, wenn die *Varianz der Wichtigkeit* eher groß ausfällt, also z. B. viele Menschen eine Domäne (etwa musikalische Fähigkeiten) und entsprechende Leistungen für sich selbst als wenig bedeutsam empfinden, wenige ihr aber hohe persönliche Relevanz beimessen.

Auf Grundlage dieser Argumentation wird die ursprüngliche Hypothese *individueller Wichtigkeitseffekte* auf das generelle Selbstkonzept mittlerweile differenzierter und in einem breiteren Horizont diskutiert und erforscht. Einerseits wurde auf das bekannte Phänomen hingewiesen, dass *gesellschaftlich-kulturell* unterschiedliche Normen auch im Hinblick auf das Selbstkonzept wirksam werden, indem z. B. westliche Kulturen eine meist *individualistische* Sicht auf das Selbst bevorzugen, also sich eine Person vorwiegend als autonom, von anderen Menschen eher unabhängig versteht, während *kollektivistische*, zumeist östliche Kulturen die untrennbare Verbundenheit einer Person mit anderen Menschen sowie die gesellschaftliche Anpassung des Einzelnen betonen (Kühnen und Hannover 2003; Markus und Kitayma 1991).

Im Hinblick auf die Domäne des Sports ließen sich aber auch divergente Bedeutungen sportlicher Fähigkeiten und Ausprägungen körperlicher Selbstkonzeptfacetten annehmen, die mit der *gesellschaftlichen Bedeutung von Körper, Bewegung und Sport* verknüpft sind und z. B. für Deutschland und die USA gezeigt werden konnten (Brettschneider und Brandl-Bredenbeck 1997).

Andererseits basiert das mehrdimensionale Selbstkonzeptmodell schon in seinen historischen Wurzeln auf seiner *Einbettung in die soziale Umwelt* (Band 1, Abschn. 2.1), sodass insbesondere Normen und Erwartungen sozialer Gruppen in Alltagskontexten hohe Relevanz besitzen. Vor diesem Hintergrund werden im Hinblick auf die Wichtigkeitshypothese mittlerweile *zwei grundsätzliche Ansätze* unterschieden: das Modell der individuell gewichteten Wichtigkeit (individually importance-weighted average approach, IIWA) und das der gruppen-normativ gewichteten Wichtigkeit (group importance-weighted normative approach, GIWA), wobei lediglich ersteres der ursprünglichen Hypothese von James (1890) entspricht (z. B. Scalas et al. 2013).

Da die Prüfung von Modellen, die eine Gewichtung des Einflusses des sportlichen Fähigkeitsselbstkonzepts und der subjektiven Wichtigkeit über Gruppennormen vorsehen, außergewöhnlich komplex und statistisch hoch anspruchsvoll ist, muss im Rahmen dieses Lehrbuchs auf eine nähere Darstellung verzichtet werden. Allerdings finden sich empirische Hinweise, dass die Wichtigkeit, die der sportlichen Domäne zugemessen wird, weniger individuell, sondern vielmehr durch *ge-*

sellschaftliche Normen bestimmt ist. So fanden Lindwall et al. (2011) ebenso Unterschiede der Wichtigkeit von Sport zwischen verschiedenen nationalen Stichproben – die sich allerdings auch im Alter unterschieden! – wie Scalas et al. (2013), die etwas voneinander abweichende Einflüsse der Wichtigkeit auf das Selbstwertgefühl bei altersgleichen italienischen und britischen Jugendlichen untersucht hatten.

Fragen und Denkanstöße

1. Inwieweit zeigt sich der Big-Fish-Little-Pond-Effekt auch im Hinblick auf das körperlich-sportliche Fähigkeitsselbstkonzept?
2. Mit welchem Modell wird ein Assimilationseffekt zwischen zwei Selbstkonzeptfacetten erklärt?
3. Welche Wirkung kann vom Big-Fish-Little-Pond-Effekt erwartet werden, wenn man Schüler in einer Eliteschule des Sports mit sportlich unauffälligen Jugendlichen vergleicht?
4. Für welche Schulfächer ist das Internal/External-Frame-of-Reference-Modell empirisch besonders gut belegt?
5. Bei welchen der erläuterten Mechanismen zeigt sich ein Kontrasteffekt einer Selbstkonzeptfacette?
6. Bei welchem der erläuterten Mechanismen zeigt sich deutlich, wie empirische Befunde und theoretische Weiterentwicklungen miteinander verknüpft sind?
7. Welchen Zusammenhang erwartet man zwischen dem generellen Selbstwert und dem körperlich-sportlichen Fähigkeitsselbstkonzept, wenn man die Wichtigkeitshypothese bedenkt?
8. Inwieweit zeigt sich der Internal/External-Frame-of-Reference-Effekt auch im Hinblick auf das körperlich-sportliche Fähigkeitsselbstkonzept?
9. Warum gehört die Wichtigkeitshypothese zum Typus der intraindividuellen, dimensionalen Vergleichsprozesse?
10. Warum könnten Effekte im Zusammenhang mit der Wichtigkeitshypothese altersabhängig sein? ◄

Literatur

Arens, A.K. & Preckel, F. (2018). Testing the internal/external frame of reference model with elementary school children: Extension to physical ability and intrinsic value. *Contemporary Educational Psychology, 54*, 199–211.

Bandura, A. (1977). Self-efficacy: Toward a unifying theory of behavioral change. *Psychological Review, 84*(2), 191–215.

Becker, M. & Neumann, M. (2016). Context-related changes in academic self concept development: On the long-term persistence of big-fish-little-pond effects. *Learning and Instruction, 45,* 31–39.

Bös, K., Worth, A., Opper, E., Oberger, J., Romahn, N., Wagner, M., et al. (2009). *Motorik-Modul: Eine Studie zur motorischen Leistungsfähigkeit und körperlich-sportlichen Aktivität von Kindern und Jugendlichen in Deutschland.* Baden-Baden: Nomos.

Braun, A. & Martin, T. & Alfermann, D. (2018). Überprüfung der Reliabilität und Validität der Kurzform des Physical Self-Description Questionnaire (PSDQ-S) in den Altersgruppen des frühen und späten Erwachsenenalters. *Zeitschrift für Sportpsychologie, 25*(3), 115–127.

Brettschneider, W.-D. & Brandl-Bredenbeck, H.P. (1997). *Sportkultur und jugendliches Selbstkonzept: eine interkulturell vergleichende Studie über Deutschland und die USA.* Weinheim: Juventa.

Burleson, K., Leach, C.W. & Harrington, D.M. (2005). Upward social comparison and self-concept: Inspiration and inferiority among art students in an advanced programme. *British Journal of Social Psychology, 44*(1), 109–123.

Burrmann, U. (2020). Erfahrungsraum Sportunterricht – Eine quantitative Perspektive. In B. Zander & J. Thiele (Hrsg.), *Jugendliche im Spannungsfeld von Schule und Lebenswelt* (S. 183–205). Wiesbaden: Springer VS.

Burrmann, U., Seyda, M., Heim, R. & Konowalczyk, S. (2016). Individualisierungstendenzen im Sport von Heranwachsenden – revisited. *Sport und Gesellschaft, 13*(2), 113–143.

Chanal, J.P., Marsh, H.W., Sarrazin, P.G. & Bois, J.E. (2005). Big-Fish-Little-Pond Effects on gymnastics self-concept: Social comparison processes in a physical setting. *Journal of Sport and Exercise Psychology, 27*(1), 53–70.

Chanal, J.P., Sarrazin, P.G., Guay, F. & Boiché, J. (2009). Verbal, mathematics, and physical education self-concepts and achievements: An extension and test of the internal/external frame of reference model. *Psychology of Sport and Exercise, 10*(1), 61–66.

Cialdini, R.B., Borden, R.J., Thorne, A., Walker, M.R., Freeman, S. & Sloan, L.R. (1976). Basking in reflected glory: Three (football) field studies. *Journal of Personality and Social Psychology, 34*(3), 366–375.

Conzelmann, A. & Schmidt, M. (2020). Persönlichkeitsentwicklung durch Sport. In J. Schüler, M. Wegner & H. Plessner (Hrsg.), *Sportpsychologie: Grundlagen und Anwendung* (S. 337–354). Berlin, Heidelberg: Springer.

Dai, D.Y. & Rinn, A.N. (2008). The big-fish-little-pond effect: What do we know and where do we go from here? *Educational Psychology Review, 20*(3), 283–317.

Dickhäuser, O. & Schrahe, K. (2006). Sportliches Fähigkeitsselbstkonzept und allgemeiner Selbstwert. Zur Bedeutung von Wichtigkeit. *Zeitschrift für Sportpsychologie, 13*(3), 98–103.

Eckert, C., Schilling, D. & Stiensmeier-Pelster, J. (2006). Einfluss des Fähigkeitsselbstkonzepts auf die Intelligenz- und Konzentrationsleistung. *Zeitschrift für Pädagogische Psychologie, 20*(1/2), 41–48.

Fang, J., Huang, X., Zhang, M., Huang, F., Li, Z. & Yuan, Q. (2018). The Big-Fish-Little-Pond Effect on Academic Self-Concept: A Meta-Analysis. *Frontiers in Psychology, 9*(1569).

Gerlach, E. (2006). Selbstkonzepte und Bezugsgruppeneffekte: Entwicklung selbstbezogener Kognitionen in Abhängigkeit von der sozialen Umwelt. *Zeitschrift für Sportpsychologie, 13*(3), 104–114.

Gerlach, E., Trautwein, U. & Lüdtke, O. (2007). Referenzgruppeneffekte im Sportunterricht: Kurz- und langfristig negative Effekte sportlicher Klassenkameraden auf das sportbezogene Selbstkonzept. *Zeitschrift für Sozialpsychologie, 38*(2), 73–83.

Göllner, R., Damian, R.I., Nagengast, B., Roberts, B.W. & Trautwein, U. (2018). It's not only who you are but who you are with: High school composition and individuals' attainment over the life course. *Psychological Science, 29*(11), 1785–1796.

Hardy, L. & Moriarty, T. (2006). Shaping Self-Concept: The elusive importance effect. *Journal of Personality, 74*(2), 377–402.

Harter, S. (1990). Causes, correlates, and the functional role of global self-worth: A life-span perspective. In R.J. Sternberg & J. Kolligian (Eds.), *Competence considered* (S. 67–97). New Haven, CT: Yale University Press.

Ingenkamp, K. & Lissmann, U. (2008). *Lehrbuch der Pädagogischen Diagnostik* (6. Aufl.). Weinheim u. a.: Beltz.

James, W. (1890). *The principles of psychology*. New York, NY: Holt.

Karwowski, M. (2015). Peer effect on students' creative self-concept. *The Journal of Creative Behavior, 49*(3), 211–225.

Keyserlingk, L.v., Becker, M., Jansen, M. & Maaz, K. (2020). Leaving the pond – Choosing an ocean: Effects of student composition on STEM major choices at university. *The Journal of Educational Psychology, 112*(4), 751–764.

Köller, O. (2004). *Konsequenzen von Leistungsgruppierungen*. Münster u. a.: Waxmann.

Kühnen, U. & Hannover, B. (2003). Kultur, Selbstkonzept und Kognition. *Zeitschrift für Psychologie, 211*(4), 212–224.

Lindwall, M., Aşçi, F.H., Palmeira, A., Fox, K.R. & Hagger, M.S. (2011). The importance of importance in the physical self: Support for the theoretically appealing but empirically elusive model of James. *Journal of Personality, 79*(2), 303–334.

Lohbeck, A. & Möller, J. (2017). Social and dimensional comparison effects on math and reading self-concepts of elementary school children. *Learning and Individual Differences, 54*, 73–81.

Lüdtke, O., Köller, O., Marsh, H.W. & Trautwein, U. (2005). Teacher frame of reference and the big-fish-little-pond effect. *Contemporary Educational Psychology, 30*(3), 263–285.

Markus, H.R. & Kitayama, S. (1991). Culture and the self: Implications for cognition, emotion, and motivation. *Psychological Review, 98*(2), 224–253.

Marsh, H.W. (1986a). Verbal and math self-concepts: An internal/external frame of reference model. *American Educational Research Journal, 23*(1), 129–149.

Marsh, H.W. (1986b). Global self-esteem: Its relation to specific facets of self-concept and their importance. *Journal of Personality and Social Psychology, 51*(6), 1224–1236.

Marsh, H.W. (1987). The big-fish-little-pond effect on academic self-concept. *Journal of Educational Psychology, 79*(3), 280–295.

Marsh, H.W. (1994). The importance of being important: Theoretical models of relations between specific and global components of physical self-concept. *Journal of Sport and Exercise Psychology, 16*(3), 306–325.

Marsh, H.W. (2008). The elusive importance effect: More failure for the Jamesian perspective on the importance of importance in shaping self-esteem. *Journal of Personality, 76*(5), 1081–1121.

Marsh, H.W. & Hau, K.-T. (2003). Big-Fish-Little-Pond effect on academic self-concept: A cross-cultural (26-country) test of the negative effects of academically selective schools. *American Psychologist, 58*(5), 364–376.

Marsh, H.W. & Parker, J.W. (1984). Determinants of student self-concept: Is it better to be a relatively large fish in a small pond even if you don't learn to swim as well? *Journal of Personality and Social Psychology, 47*(1), 213–231.

Marsh, H.W., Byrne, B.M. & Shavelson, R.J. (1988). A multifaceted academic self-concept: Its hierarchical structure and its relation to academic achievement. *Journal of Educational Psychology, 80*(3), 366–380.

Marsh, H.W., Kong, C.-K. & Hau, K.-T. (2000). Longitudinal multilevel models of the big-fish-little-pond effect on academic self-concept: counterbalancing contrast and reflected-glory effects in Hong Kong schools. *Journal of Personaltiy and Social Psychology, 78*(2), 337–349.

Marsh, H.W., Köller, O. & Baumert, J. (2001). Reunification of East and West German school systems: Longitudinal multilevel modeling study of the big-fish-little-pond effect on academic self-concept. *American Educational Research Journal, 38*(2), 321–350.

Marsh, H.W., Trautwein, U., Lüdtke, O., Baumert, J. & Köller, O. (2007). The Big-Fish-Little-Pond Effect: Persistent negative effects of selective high schools on self-concept after graduation. *American Educational Research Journal, 44*(3), 631–669.

Marsh, H.W., Kuyper, H., Morin, A.J.S., Parker, P.D. & Seaton, M. (2014). Big-fish-little-pond social comparison and local dominance effects: Integrating new statistical models, methodology, design, theory and substantive implications. *Learning and Instruction, 33*, 50–66.

Marsh, H.W., Morin, A. & Parker, P. (2015). Physical self-concept changes in a selective sport high school: a longitudinal cohort-sequence analysis of the big-fish-little-pond effect. *Journal of Sport and Exercise Psychology, 37*(2), 150–163.

Marsh, H.W., Pekrun, R., Parker, P.D., Murayama, K., Guo, J., Dicke, T., et al. (2019). The murky distinction between self-concept and self-efficacy. Beware of lurking jingle-jangle fallacies. *111*(2), 331–353.

Möller, J. & Köller, O. (2004). Die Genese akademischer Selbstkonzepte. *Psychologische Rundschau, 55*(1), 19–27.

Möller, J. & Marsh, H.W. (2013). Dimensional comparison theory. *Psychological Review, 120*(3), 544–560.

Möller, J. & Trautwein, U. (2020). Selbstkonzept. In E. Wild & J. Möller (Hrsg.), *Pädagogische Psychologie* (3. Aufl., S. 187–209). Berlin, Heidelberg: Springer.

Möller, J., Pohlmann, B., Köller, O. & Marsh, H.W. (2009). A meta-analytic path analysis of the internal/external frame of reference model of academic achievement and academic self-concept. *Review of Educational Research, 79*(3), 1129–1167.

Möller, J., Müller-Kalthoff, H., Helm, F., Nagy, N. & Marsh, H. (2016). The generalized internal/external frame of reference model: An extension to dimensional comparison theory. *Frontline Learning Research, 4*(2), 1–11.

Möller, J., Zitzmann, S., Helm, F., Machts, N. & Wolff, F. (2020). A meta-analysis of relations between achievement and self-concept. *Review of Educational Research, 90*(3), 376–419.

Moosbrugger, H., Schermelleh-Engel, K., Kelava, A. & Klein, A. (2009). Testing Multiple Nonlinear Effects in Structural Equation Modeling: A Comparison of Alternative Estimation Approaches. In T. Teo & K.M. S. (Eds.), *Structural equation modeling in educational research: Concepts and applications* (S. 103–136). Rotterdam, NL: Sense Publishers.

Müller-Kalthoff, H., Helm, F. & Möller, J. (2017). The big three of comparative judgment: On the effects of social, temporal, and dimensional comparisons on academic self-concept. *Social Psychology of Education, 20*, 849–873.

Nagengast, B. & Marsh, H.W. (2012). Big fish in little ponds aspire more: Mediation and cross-cultural generalizability of school-average ability effects on self-concept and career aspirations in science. *Journal of Educational Psychology, 104*(4), 1033–1053.

Perry, C. & Marsh, H.W. (2003). *Relations between elite athlete self-concept and international swimming performance*. Paper presented at the International Education Research Conference of the Australian Association for Research in Education 2003. Auckland, New Zealand.

Preckel, F. & Brüll, M. (2010). The benefit of being a big fish in a big pond: Contrast and assimilation effects on academic self-concept. *Learning and Individual Differences, 20*(5), 522–531.

Rubeli, B., Oswald, E., Conzelmann, A. & Schmidt, M. (2020). Predicting global self-esteem in early adolescence: The importance of individual and gender-specific importance of perceived sports competence. *Sport, Exercise, and Performance Psychology, 9*(4), 519–531.

Scalas, L.F., Marsh, H.W., Nagengast, B. & Morin, A.J.S. (2013). Latent-variable approaches to the Jamesian model of importance-weighted averages. *Personality and Social Psychology Bulletin, 39*(1), 100–114.

Shavelson, R.J., Hubner, J.J. & Stanton, G.C. (1976). Self-concept: Validation of construct interpretations. *Review of Educational Research, 46*(3), 407–441.

Sohnsmeyer, J. & Heim, R. (2015). Selbstwert und sportliches Fähigkeitskonzept im Jugendalter. Der moderierende Effekt subjektiver Wichtigkeit. *Zeitschrift für sportpädagogische Forschung, 3*(1), 61–83.

Sonstroem, R.J. & Morgan, W.P. (1989). Exercise and self-esteem: Rationale and model. *Medicine & Science in Sports & Exercise, 21*(3), 329–337.

Thomas, M. (1989). *Zentralität und Selbstkonzept*. Bern u. a.: Huber.

Tietjens, M., Möller, J. & Pohlmann, B. (2005). Zum Zusammenhang von Leistungen und Selbstkonzepten in verschiedenen Sportarten. *Zeitschrift für Sportpsychologie, 12*(4), 135–143.

Trautwein, U. & Baeriswyl, F. (2007). Wenn leistungsstarke Klassenkameraden ein Nachteil sind. Referenzgruppeneffekte bei Übertrittsentscheidungen. *Zeitschrift für Pädagogische Psychologie, 21*(2), 119–133.

Trautwein, U., Lüdtke, O., Marsh, H.W., Köller, O. & Baumert, J. (2006). Tracking, grading, and student motivation: Using group composition and status to predict self-concept and interest in ninth-grade mathematics. *Journal of Educational Psychology, 98*(4), 788–806.

Trautwein, U., Gerlach, E. & Lüdtke, O. (2008). Athletic classmates, physical self-concept, and free-time physical activity: A longitudinal study of frame of reference effects. *Journal of Educational Psychology, 100*(4), 988–1001.

Trautwein, U., Lüdtke, O., Marsh, H.W. & Nagy, G. (2009). Within-school social comparison: How students perceive the standing of their class predicts academic self-concept. *Journal of Educational Psychology, 101*(4), 853–866.

Wolff, F. (2021). Measuring comparison effects: A critical view on the internal/external frame of reference model. *Educational Measurement: Issues and Practice, 40*(2), 89–95.

Wolff, F., Helm, F. & Möller, J. (2018a). Testing the dimensional comparison theory: When do students prefer dimensional comparisons to social and temporal comparisons? *Social Psychology of Education, 21*(4), 875–895.

Wolff, F., Helm, F., Zimmermann, F. & Nagy, G. (2018b). On the effects of social, temporal, and dimensional comparisons on academic self-concept. *Journal of Educational Psychology, 110*(7), 1005–1025.

Wolff, F., Nagy, G., Retelsdorf, J., Helm, F., Köller, O. & Möller, J. (2019). The 2I/E model: Integrating temporal comparisons into the internal/external frame of reference model. *Journal of Educational Psychology, 11*(7), 1131–1161.

Wolff, F., Lüdtke, O., Helm, F. & Möller, J. (2021). Integrating the big-fish-little-pond effect, the basking-in-reflected-glory effect, and the internal/external frame of reference model predicting students' individual and collective academic self-concepts. *Contemporary Educational Psychology, 65,* 101952.

Wouters, S., Germeijs, V., Colpin, H. & Verschueren, K. (2011). Academic self-concept in high school: Predictors and effects on adjustment in higher education. *Scandinavian Journal of Psychology, 52*(6), 586–594.

Züchner, I. (2013). Sportliche Aktivitäten im Aufwachsen junger Menschen. In M. Grgic & I. Züchner (Hrsg.), *Medien, Kultur und Sport. Was Kinder und Jugendliche machen und ihnen wichtig ist. Die MediKuS-Studie.* (S. 89–137). Weinheim u. a.: Beltz Juventa.

Zusammenhänge zwischen Sport(engagement) und Selbstkonzept

3

> **Zusammenfassung**
>
> In der Öffentlichkeit werden in der Regel positive Wirkungen des Sportengagements auf die Persönlichkeitsentwicklung von Heranwachsenden betont. Dieses Kapitel stellt diesen populären Annahmen die mittlerweile breite empirische Befundlage zum Selbstkonzept gegenüber. Es basiert auf einem kürzlich veröffentlichten Beitrag (Heim 2021) und wurde, insbesondere im Hinblick auf die internationale empirische Forschung, erweitert und aktualisiert, enthält aber zuweilen identische Textpassagen. Zunächst wird erläutert, auf welcher theoretischen Grundlage Einflüsse des Sportengagements angenommen werden können. Anhand von Querschnittstudien werden dann Unterschiede zwischen sportlich Aktiven und Unauffälligen dargestellt, um im Licht von längsschnittlichen Befunden der Frage nach kausalen Zusammenhängen nachzugehen. Abschließend wird auf der Basis von Interventionsstudien erläutert, inwieweit das Selbstkonzept durch pädagogische Maßnahmen beeinflusst werden kann.

Ein positives Selbstkonzept bzw. seine Entwicklung gelten nicht nur als grundsätzlich *wertvolle pädagogische Ziele*, weil ihnen hohe Bedeutung für die Gesundheit oder Sozialisationsprozesse von Heranwachsenden zugeschrieben werden, sondern auch weil Fähigkeitsselbstbilder für das Gefüge *lern- und unterrichtsrelevanter Motivationen* hoch einflussreich sind. So wirken sich schulische Fähigkeitsselbstkonzepte auf Bildungswünsche, -hoffnungen und -bestrebungen (Marsh 1987) ebenso aus wie auf schulische Interessen (z. B. Marsh et al. 2005) oder Leistungen (im Überblick Trautwein und Möller 2016). Während also im Hinblick auf kognitiv akzentuierte Domänen (oder Schulfächer) vor allem Wirkungen des Selbstkonzepts auf schulisch relevante Konstrukte thematisiert werden, steht im Zusammenhang mit Bewegung und Sport, zumindest im deutschsprachigen Raum, bisher die umgekehrte Wirkungsrichtung – also die Beeinflussung verschiedener Selbstkonzeptfacetten durch das Sportengagement – im Mittelpunkt.

3.1 Warum Zusammenhänge angenommen werden

Wenn die gesellschaftliche Bedeutung des Sports, insbesondere mit Blick auf die finanzielle Unterstützung des Breiten- und Freizeitsports sowie des Leistungssports durch die öffentliche Hand, in der deutschen Öffentlichkeit zur Sprache kommt, fehlen selten Verweise auf *heilsame Wirkungen* sportlichen Engagements, vor allem in den entwicklungsbedeutsamen Abschnitten des Kindes- und Jugendalters. Demnach stärke kontinuierliche sportliche Aktivität nicht nur die Gesundheit, vor allem im Hinblick auf die Fitness des Herz-Kreislauf-Systems und die Vermeidung von Übergewicht, sondern das Sportengagement fördere die *Entwicklung von Heranwachsenden* in ihrer gesamten Breite.

Vom sportlichen Engagement profitiere nicht allein die motorische Entwicklung, sondern gleichfalls die Entfaltung der sozialen, mentalen sowie kognitiven Kräfte und Fähigkeiten, also die *Persönlichkeitsentwicklung*. Daher kann es nicht verwundern, dass derartige optimistische Erwartungen auch Eingang in die Programmatik des Schulsports in Deutschland gefunden haben. Über die Lehr- und Bildungspläne des Fachs in allen Bundesländern hinaus bekennen sich weit übereinstimmend Sportpädagoginnen und -pädagogen an den Hochschulen, aber in der Regel auch die Sportlehrkräfte an allen Schulformen zum sogenannten *Doppelauftrag des Sportunterrichts*.

Dieses Unterrichtsfach diene eben nicht allein dazu, den Kindern und Jugendlichen den *außerschulischen Sport zu erschließen* und sie zum (lebenslangen) Sporttreiben zu motivieren, indem relevante sportliche Fertigkeiten und Kenntnisse vermittelt und sportmotorische Fähigkeiten ausgebildet werden. Vielmehr müsse der Sportunterricht darüber hinaus auch Kompetenzen fördern, die *außerhalb des Sports wichtig sind* und vor allem die Persönlichkeitsentwicklung der Schülerinnen und Schülern unterstützen. So hielten z. B. in der bislang umfangreichsten Befragung in Deutschland mehr als neun von zehn Sportlehrkräften es für „wichtig" bzw. „sehr wichtig", im Sportunterricht die Persönlichkeitsentwicklung der Heranwachsenden zu fördern (Heim 2006), und in 65 % der untersuchten Lehrpläne fanden sich direkte Verweise auf die Persönlichkeitsentwicklung als Ziel des Schulfachs (Prohl und Krick 2006)

3.1 Warum Zusammenhänge angenommen werden

So (alltagstheoretisch) plausibel und weit verbreitet die Annahmen förderlicher Wirkungen sportlichen Engagements auf die Persönlichkeitsentwicklung auch sein mögen, so wenig überzeugend waren jahrelang die empirischen Befunde. Vor allem in *der eigenschaftsorientierten Persönlichkeitsforschung* konnten die hoffnungsvollen Erwartungen empirisch nicht gestützt werden (Conzelmann und Schmidt 2020; international Weinberg und Gould 2019). Ein wesentlicher Grund für die *bescheidene Befundlage* liegt darin, dass die dort zugrunde gelegten Theoriekonzepte Persönlichkeit im Sinne einer vergleichsweise früh entwickelten und eher zeitstabilen Eigenschaft verstehen. Es war also kaum zu erwarten, dass sich so Einflüsse des Sportengagements empirisch beobachten ließen.

Vor diesem Hintergrund hat die Forschung seit etwa den 1980er-Jahren vor allem das Konstrukt des Selbstkonzepts in den Mittelpunkt gestellt, denn dieses Theoriekonzept, das von einer deutlich *höheren Plastizität* ausgeht (Band 1, Abschn. 2.2), versprach besonders gut für Fragen der Entwicklung, insbesondere im Kindes- und Jugendalter, geeignet zu sein (Asendorpf und Neyer 2012; Conzelmann 2009; Heim 2002). Daher kann es auch kaum überraschen, dass das Modell des Selbstkonzepts im Sinne einer optimistischen Wirkung von Bewegung und Sport auch in der Programmatik des Sportunterrichts breiten Niederschlag gefunden hat, wie die Ziel- und Aufgabenkataloge in den Fachlehrplänen fast aller deutschen Bundesländern zeigen.

Wie zu Beginn dieses Lehrbuchs beschrieben, sind optimistische Erwartungen an die Wirkungen des Sporttreibens bis ins 19. Jahrhundert zurückzuverfolgen. Und auch in der Forschungsliteratur findet sich eine Fülle von Annahmen, die sich zwar im Detail unterscheiden mögen, aber im Wesentlichen in *drei zentralen Wirkungszusammenhängen* systematisiert werden können (vgl. aus identitätstheoretischer Sicht auch Kurz und Brinkhoff 1989):

1. Sportliche Aktivitäten sind zentral mit sogenannten *leistungsthematischen Situationen* verknüpft, denn immer, wenn es um Sieg und Niederlage geht oder darum, sich zu vergleichen, sind sportliche Leistungen unabdingbar. Selbst dort, wo im kooperativen Spiel keine Punkte oder Treffer gezählt werden, bricht das Spiel zusammen, wenn nicht ein Mindestmaß an sportlicher Leistung erbracht wird. Und auch wenn der sportliche Vergleich nicht im Vordergrund steht, wie etwa im gesundheitlich orientierten Sport Älterer, braucht es für die Verbesserung, aber auch den Erhalt der körperlichen Fitness einer Leistung. Erfahrungen im Sport sind daher nahezu immer Erfahrungen des eigenen Könnens oder Nichtkönnens. Die in leistungsthematischen Situationen gewonnenen Erfahrungen stellen dabei eine besonders bedeutsame Quelle für das Selbstkonzept der eigenen Fähigkeiten dar. Deren große Bedeutung ergibt sich dabei

nicht nur aus der – im Vergleich zu anderen Lebensbereichen – hohen Häufigkeit des Auftretens, sondern hängt auch damit zusammen, dass sich sportliche Leistungen einfach und unmittelbar beobachten und bewerten lassen. Auch legt die allgemeine *gesellschaftliche Wertschätzung* des Sports, vor allem unter Heranwachsenden, nahe, sportliche Leistungen als Ausdruck genereller Leistungsfähigkeit oder des Werts einer Person zu verstehen. Im Kindes- und Jugendalter ist dies besonders bedeutsam, weil Heranwachsende abseits des schulischen Unterrichts in vielen Lebensbereichen – zu ihrem eigenen Schutz (z. B. in der Arbeitswelt) – von der Leistungserbringung ausgeschlossen sind. Im Sport dagegen können sie sich zudem nicht nur untereinander, sondern teilweise auch mit Erwachsenen messen und die Belohnungen für gute Leistungen erhalten sie – anders als in der Schule, wo man die Noten zumeist mit zeitlichem Verzug (z. B. Zeugnisse) bekommt – unmittelbar und direkt. Und schließlich bietet das sportliche Engagement recht unmittelbare leistungsthematische Erfahrungen im Hinblick auf die eigenen Fähigkeiten, die Wirksamkeit eigener Anstrengungen und des Durchhaltevermögens oder auf das Vermögen, in entscheidenden Situationen sein Leistungsniveau auch zeigen zu können.
2. Dem *Bild vom eigenen Körper* kommt vor allem im Zuge der körperlichen Wandlungen in der Pubertät, aber auch im gesamten Prozess des Aufwachsens eine enorme Bedeutung zu. Das Sportengagement eröffnet hierbei vielfältige Chancen, Orientierung und Sicherheit im Umgang mit dem eigenen Körper zu gewinnen. Im sportlichen Training können einerseits die Beherrschung und Verfügbarkeit des eigenen Körpers erlebt, andererseits der Körper selbst auch in seiner äußeren Erscheinung entwickelt werden. Da der sportlich-schlanke Körper zeitgenössischen Attraktivitätsidealen in besonderem Maße entspricht, dürfte diese sportiv-ästhetische Dimension besonders zur Anerkennung unter den Gleichaltrigen beiderlei Geschlechts, aber auch in der Welt der Erwachsenen beitragen. Und schließlich bieten die sportiv vorstrukturierten Kontexte, insbesondere im Verein, mehr oder weniger klare Regeln und Normen, wie man den eigenen Körper und sich selbst präsentiert oder wie viel körperliche Nähe und Distanz statthaft sind. Das Sportengagement kann in diesem Sinne dazu beitragen, dass Kinder und Jugendliche *Orientierung und Verhaltenssicherheit* gewinnen.
3. Mannschaft, Übungs- oder Trainingsgruppe, insbesondere im Sportverein, eröffnen zum einen zeitlich mehr oder weniger beständige *Sozialerfahrungen.* Zum anderen bieten sportliche Sozialstrukturen recht geschützte Gelegenheitsräume, in denen das Auftreten und die Wirkung der eigenen Person im Spiegel der Gleichaltrigen erfahren und erprobt werden können. Vorstrukturierungen im

3.1 Warum Zusammenhänge angenommen werden

Sport erlauben dabei gegenüber vielen anderen Lebensbereichen, sich leichter zu orientieren und Sicherheit im eigenen Verhalten zu gewinnen, weil einerseits die typischen thematischen Situationen, wie Sieg und Niederlage, Miteinander und Gegeneinander, *Konkurrenz* und *Kooperation*, und andererseits die damit verknüpften Rollenerwartungen relativ klar sind.

Überträgt man diese Argumentationsfiguren auf das Modell des mehrdimensionalen Selbstkonzepts, liegt es nahe, Wirkungsmuster des Sportengagements im Kindes- und Jugendalter in verschiedenen Facetten des Selbstkonzepts anzunehmen (Abb. 3.1).

Häufige wie reichhaltige *leistungsthematische Erfahrungen* im Sport dürften sich zunächst in einem positiveren Selbstbild der *sportlich-körperlichen Fähigkeiten* niederschlagen. Die besonderen Potenziale im Umgang mit dem *eigenen Körper* im Sport lassen auf günstige Effekte vor allem in der *Selbstkonzeptfacette des Aussehens* bzw. der Attraktivität schließen, die gemeinsam mit einem positiveren Fähigkeitsselbstbild der sportlichen Fähigkeiten in ein entsprechend positiv getöntes körperliches Selbstkonzept münden. Auf förderliche Wirkungen im *sozialen Selbstkonzept* der Beziehungen zu Peers (beiderlei Geschlechts) verweist die besondere soziale Rahmung von Mannschaft, Trainings- oder Übungsgruppe. Und schließlich, das legt der hierarchische Charakter des Modells nahe, sollten diese Einflüsse auf die genannten drei bereichsspezifischen Selbstkonzeptfacetten zusammenwirken und zu einem günstigen *allgemeinen Selbstwertgefühl* unter den Bedingungen eines Sportengagements beitragen.

Nachdem also potenzielle Zusammenhänge zwischen Sportengagement und Selbstkonzept im mehrdimensionalen hierarchischen Modell plausibel theoretisch

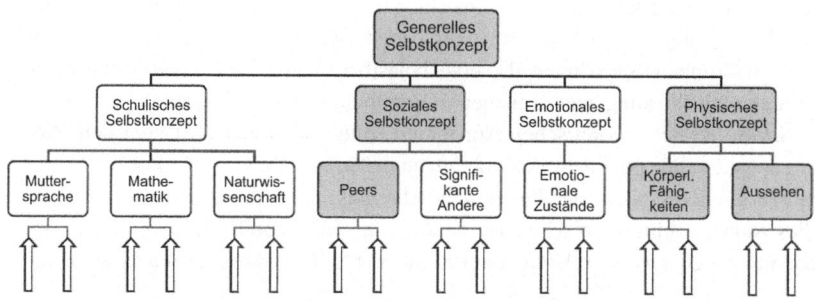

Abb. 3.1 Idealtypisch angenommene Wirkungsbereiche des Sportengagements (grau unterlegt) im mehrdimensionalen Modell des Selbstkonzepts von Heranwachsenden. (Eigene Darstellung)

begründet werden können, stellt sich die Frage, ob und inwieweit sich diese auch empirisch bestätigen lassen. Die *empirische Prüfung* von Zusammenhängen wurde in der bisherigen Forschung auf drei verschiedenen Wegen beschritten,[1] deren Aussagekraft sich allerdings unterscheidet:

1. Zunächst sollten sich die angenommenen Zusammenhänge so niederschlagen, dass sich *Unterschiede* zwischen sportlich Aktiven gegenüber sportlich Unauffälligen zeigen. Solche, vor allem in *Querschnittuntersuchungen* gewonnenen, Ergebnisse sagen allerdings nichts über die Richtung der Wirkungszusammenhänge aus, die aus den Unterschieden hervorgehen.
2. Zudem sollten sich die postulierten Zusammenhänge in unterschiedlichen Entwicklungsmustern des Selbstkonzepts zeigen, indem sich in *Längsschnittuntersuchungen* das Selbstkonzept unter sportlich Aktiven anders entwickelt als unter sportlich Unauffälligen. Längsschnittliche Untersuchungsdesign erlauben daher auch belastbare Aussagen zur *Wirkungsrichtung* in der Assoziation von Sportengagement und Selbstkonzept.
3. Schließlich bieten *Interventionsstudien* besondere Möglichkeiten, Wechselwirkungen zwischen Sportengagement und Selbstkonzept differenzierter und genauer zu überprüfen.

3.2 Unterschiede zwischen sportlich Aktiven und Unauffälligen

Querschnittlich angelegte Studien, die lediglich Daten zu einem Messzeitpunkt erheben, bieten zunächst nur erste Einsichten in Zusammenhänge oder Unterschiede der Ausprägungen von Selbstkonzeptfacetten zwischen sportlich unterschiedlich aktiven Gruppen. Sie können also erste belastbare Hinweise auf Assoziationen liefern, die mit Wirkungsmechanismen in Verbindung stehen (könnten).

Im Sinne der theoretischen Annahmen sollten also zunächst sportlich aktive Heranwachsende positivere Ausprägungen in den jeweiligen Selbstkonzeptfacetten aufweisen als Kinder oder Jugendliche, die nicht sportlich aktiv sind. So einfach dies zunächst klingt, so schwierig ist allerdings die empirische Umsetzung, weil das *Sportengagement im Alltag* sehr vielfältig ist (siehe Exkurs „Sportengagement").

---

[1] Zwar gehen alle im Folgenden einbezogenen Studien vom grundsätzlichen Modell des mehrdimensionalen, hierarchischen Selbstkonzepts aus, adressieren aber zuweilen Bereiche des Selbstkonzepts, die inhaltlich und begrifflich vom Shavelson-Modell (Band 1, Abschn. 2.2) abweichen.

3.2 Unterschiede zwischen sportlich Aktiven und Unauffälligen

Es ist in modernen Gesellschaften davon auszugehen, dass der Großteil der Kinder und Jugendlichen sportlich recht aktiv ist. Auf der Suche nach Unterschieden ist es also gar nicht so leicht, eine hinreichend große Stichprobe von sportlich Unauffälligen zu gewinnen, wenn jedwedes Sportengagement einbezogen wird.

Deshalb haben sich viele Untersuchungen auf Heranwachsende konzentriert, die ihren Sport im *Verein* treiben, häufig aber darüber hinaus auch *informellen*, also selbst organisierten, Sportaktivitäten nachgehen, und vergleichen sie mit Kindern und Jugendlichen ohne Sportvereinsmitgliedschaft, von denen aber ein beträchtlicher Anteil ebenfalls informell Sport treibt, dabei aber deutlich weniger Zeit investiert als Vereinsmitglieder. Den theoretischen Annahmen folgend, ist zudem plausibel, dass sich die Zusammenhänge oder Unterschiede auch in Abhängigkeit von der *Intensität des Sportengagements* zeigen, also nicht nur im Hinblick auf das sportliche *Zeitbudget*, sondern auch im Hinblick auf das *sportliche Niveau*, das für die heranwachsenden Vereinssportlerinnen und -sportler vom lokalen Wettkampfsport bis zum nationalen oder internationalen Hochleistungssport reicht.

> **Exkurs: Sportengagement**
> Mit dem Begriff des Sportengagements (in der Sportsoziologie häufig auch *Sportpartizipation* genannt) ist hier das aktive Sporttreiben als Sportlerin oder Sportler gemeint, aber nicht die Rezeption von Sport, wie z. B. als Zuschauerin oder Leser, und Tätigkeiten, die vorwiegend organisatorisch ausgerichtet sind, wie etwa in der Rolle als Trainerin, Funktionär usw. Aber auch im genannten Sinn ist das Sportengagement vielfältig: Es unterscheidet sich zunächst im Hinblick auf den *zeitlichen Umfang* und die *Intensität*, die sich idealtypisch vom Gesundheits-, Breiten- und Freizeitsport über den lokalen oder regionalen Wettkampfsport bis hin zum nationalen oder internationalem Hochleistungssport erstreckt.
>
> Zudem sind die verschiedenen Formen des Sportengagements mit unterschiedlichen *Settings*, also Orten und sozialen Strukturen, verknüpft. In Deutschland sind mit Blick auf Heranwachsende neben dem formalen Bildungssetting des Schulsports vor allem die nonformalen Settings des Sportvereins und kommerzieller Angebote[2] sowie das des informellen, selbstorganisierten Sports (z. B. Joggen) zu nennen.

---

[2] Das Sporttreiben in kommerziellen Settings, also Ballett- und Kampfsportschulen oder Fitnessstudios, gehört offenbar mittlerweile zum Alltag vieler Heranwachsender, wurde allerdings im Hinblick auf seine Wirkungen auf das Selbstkonzept bisher nicht untersucht.

> In Deutschland ist nach der momentan aktuellsten Studie davon auszugehen, dass um die 80 % der 9- bis 20-jährigen Jungen und mehr als 70 % der Mädchen in Deutschland nach eigener Auskunft sportlich aktiv sind (Züchner 2013). Im Sportverein treiben allerdings dann deutlich weniger Heranwachsende Sport: Im Verlauf des Jugendalters sinkt die Quote unter den Jungen von 68 % im Alter von 13 Jahren mehr oder weniger kontinuierlich auf ca. 58 % unter 19- bis 20-Jährigen, während die Vereinsmitgliedschaft unter den Mädchen in etwa um 49 % stagniert. Während man davon ausgehen kann, dass gut 25 % der Jugendlichen kommerzielle Sportangebote nutzen (Burrmann et al. 2016), liegt der Anteil von Kindern, die ausschließlich informell sportlich aktiv sind, bei knapp 20 % und unter Jugendlichen zwischen 26 % und 36 % (Züchner 2013).

Noch etwas unübersichtlicher wird es, wenn man die *internationale Forschung* einbezieht, denn während in deutschsprachigen und etlichen anderen europäischen Ländern der Sportverein eine zentrale Rolle einnimmt, findet das Sportengagement Heranwachsender z. B. in den USA vorwiegend in Bildungseinrichtungen, in Frankreich und Spanien vielfach auch in staatlichen Angeboten jenseits der Schule statt. Zudem bezeichnet der (organisierte) Sport (organized sports) in vielen angloamerikanischen Ländern ausschließlich den institutionalisierten Wettkampfsport, während unter „physical activity" und „exercises" nahezu jedwede Form von Bewegung, Sport und körperlicher Betätigung verstanden wird. Da viele empirische Untersuchungen im Hinblick auf das Sportengagement auf Selbstauskünfte der Befragten zurückgreifen, können daraus deshalb beträchtliche Unschärfen entstehen.

Vor allem für Deutschland liegen verschiedene querschnittliche Studien vor, die im Rahmen größerer, thematisch breit angelegter Surveys auch das Selbstkonzept adressierten. Übereinstimmend fand sich ein positiver Zusammenhang zwischen Sportengagement und *sportlichem Fähigkeitsselbstkonzept*. So fallen die Fähigkeitsselbstbilder von *sportlich intensiver aktiven Kindern und Jugendlichen* günstiger aus als in der Vergleichsgruppe von selten sporttreibenden Jugendlichen (Baur und Burrmann 2000; Baur et al. 2002; Burrmann et al. 2002; Lohbeck, et al. 2021; Noack et al. 2013; Späth und Schlicht 2000; Tietjens 2009). Mitglieder eines Sportvereins attestierten sich ebenso ein positiveres Selbstbild der körperlichen Leistungsfähigkeit gegenüber unorganisierten Jugendlichen (z. B. Endrikat 2001; Sygusch 2000).

Mit Blick auf die *internationale Forschungslage* ermittelte die *Metaanalyse* von Babic et al. (2014) für knapp 50 Querschnittstudien aus sechs Ländern einen mäßig

3.2 Unterschiede zwischen sportlich Aktiven und Unauffälligen 61

positiven, aber signifikanten Zusammenhang (r = 0,32) zwischen dem Sportengagement und sportlichen Fähigkeitsselbsteinschätzungen in beiden Geschlechtern. Bei Heranwachsenden, die mehr Sport treiben, fällt ihr Fähigkeitsselbstbild gegenüber den weniger aktiven also höher aus. Allerdings zeigte sich unter Kindern kaum ein Zusammenhang (r = 0,08), während sich im frühen und mittleren Jugendalter bemerkenswerte Assoziationen in ähnlichen Größenordnungen (r = 0,35 und r = 0,31) beobachten ließen.

Jenseits der in dieser Metaanalyse berücksichtigten Studien konnten ähnliche Muster zugunsten sportaktiver Heranwachsender in *verschiedenen Altersgruppen* beobachtet werden. In einer kleinen Stichprobe jüngerer türkischer Jugendlicher fanden sich zwar signifikante, aber nur schwach ausgeprägte Unterschiede mit Vorteilen für Sportaktive (Aşçi et al. 2001). Unter kanadischen Heranwachsenden im Übergang vom Kindes- ins Jugendalter beobachteten Crocker et al. (2000) recht enge Zusammenhänge zwischen dem Sportengagement und dem Fähigkeitsselbstkonzept (r = 0,48) sowohl bei Jungen als auch bei Mädchen.

In einer weiteren kanadischen Studie an etwas älteren Schülerinnen und Schülern (ca. 13,5 Jahre) konnte das Niveau des fußballerischen Sportengagements (hochleistungssportlich, wettkampfsportlich und nicht wettkampfsportlich Aktive) das sportliche Fähigkeitsselbstkonzept recht gut „vorhersagen" (β = 0,56), ohne dass sich Differenzen zwischen den Geschlechtern zeigten (Findlay und Bowker 2009). *Jugendliche Hochleistungssportlerinnen und -sportler* wiesen also das positivste sportliche Fähigkeitsselbstkonzept auf und nicht an Wettkämpfen teilnehmende Heranwachsende das ungünstigste, während die wettkampfsportlich Engagierten in der Mitte rangierten.

Damit bestätigte diese Untersuchung einerseits die Befunde, die Marsh et al. (1997) an australischen Studierenden beobachten konnten: *Hochleistungssportlich* aktive Studierende beurteilen ihre sportlichen Fähigkeiten markant positiver als ihre sportlich unauffälligen Kommilitonen. Andererseits zeigt sich jedoch auch ein anderes Bild, weil die australischen Studentinnen weitaus stärker von ihrem hochleistungssportlichen Engagement profitieren, d. h. gegenüber ihren sportlich unauffälligen Geschlechtsgenossinnen erheblich günstigere Fähigkeitskonzepte aufweisen als ihre männlichen Counterparts.

Und schließlich ergab ein Vergleich von 15- bis 17-jährigen spanischen *Vereinsmitgliedern* und sportlich unauffälligen Jugendlichen positivere Fähigkeitsselbstbilder zugunsten der sportlich Organisierten (Zurita-Ortega et al. 2016), sodass Befunde aus Norwegen in dieser Altersgruppe bestätigt wurden, die einen recht engen Zusammenhang (r = 0,47) zwischen Sportengagement und Fähigkeitsselbstkonzept ergaben (Haugen et al. 2011). In dieses Bild passt ferner eine weitere Untersuchung an spanischen Schülerinnen und Schülern mit einem

Durchschnittsalter von etwa 14,5 Jahren, die Differenzen zugunsten von moderat und hoch Aktiven gegenüber Jugendlichen ohne oder geringem Sportengagement fand (Balaguer et al. 2012).

Weniger deutlich als im Hinblick auf das körperlich-sportliche Fähigkeitsselbstbild sind die Unterschiede zwischen Heranwachsenden mit hohem und niedrigem Sportengagement im Bereich des *Selbstkonzepts des Aussehens*. Während Späth und Schlicht (2000) eine höhere Zufriedenheit mit der eigenen Attraktivität unter Sportlerinnen und Sportlern ermittelten (vgl. auch Endrikat 2001), konnten Burrmann et al. (2002) lediglich tendenziell günstigere Werte im Hinblick auf wahrgenommene Figurprobleme oder das äußere Erscheinungsbild unter sportlich Engagierten beobachten.

International zeigten sich gleichfalls schwächere Zusammenhänge, die in der *Metaanalyse* von Babic et al. (2014) eine Größenordnung von r = 0,14 erreichten und die vom Geschlecht nicht und vom Alter nur schwach beeinflusst wurden. Während unter jüngeren Jugendlichen noch eine mäßige Assoziation (r = 0,19) beobachtet werden konnte, fand sich unter älteren nur noch eine sehr lose Korrelation (r = 0,07). Dieses Muster zeigt sich auch in weiteren Studien. Entsprechende Zusammenhänge beobachteten Crocker et al. (2000) an Heranwachsenden von der 5. bis zur 8. Klasse, in denen das Sportengagement mit dem Selbstkonzept des Aussehens *geschlechtsunabhängig* moderat korrelierte (r = 0,29). Die Intensität des fußballerischen Engagements sagte bei ungefähr 13- bis 14-jährigen kanadischen Jugendlichen die Attraktivitätseinschätzungen in beiden Geschlechtern nur halb so gut voraus (β = 0,28) wie das Fähigkeitsselbstkonzept.

Ältere *hochleistungssportlich aktive Jugendliche* wiesen nach Marsh et al. (1997) gegenüber sportlich unauffälligen Studierenden nur ein minimal günstigeres Attraktivitätsselbstkonzept auf, und auch unter norwegischen Jugendlichen im mittleren Alter von etwa 15 Jahren fanden sich eher schwache Zusammenhänge (r = 0,17; Haugen et al. 2011). Entsprechend fielen Differenzen zwischen unterschiedlich ausgeprägten Sportengagements unter spanischen Sekundarschülern recht gering aus und ließen sich für Mädchen gar nicht zeigen (Balaguer et al. 2012).

Nimmt man Unterschiede oder Zusammenhänge im Bereich des *sozialen Selbstkonzepts* ins Visier, sind die empirischen Befunde weit spärlicher dokumentiert. Für Deutschland ermittelten Vergleiche zwischen sportengagierten und sportlich unauffälligen Jugendlichen, dass sich die erstgenannte Gruppe besser in das soziale Netzwerk der Gleichaltrigen eingebunden fühlte (Sygusch 2000), sich eine bessere Kontaktfähigkeit (Endrikat 2001) und einen sicheren Umgang mit Peers (Tietjens 2001) attestierte. Entsprechend fanden Baur und Burrmann (2000) unter sportlich aktiven Jugendlichen positivere Selbstkonzepte der sozialen Beziehungen zu Gleichaltrigen als unter gering Engagierten.

3.2 Unterschiede zwischen sportlich Aktiven und Unauffälligen

Die *internationale* Befundlage zeigt nur vereinzelt Vorteile für sportengagierte Jugendliche, denn während Balaguer et al. (2012) höhere Werte lediglich für spanische Jungen, aber nicht für Mädchen beobachteten, fanden sich in einer ebenfalls spanischen Stichprobe keinerlei Unterschiede zugunsten von Vereinsmitgliedern (Zurita-Ortega et al. 2016). Und auch Randall und Bohnert (2012) konnten in einer US-amerikanischen Untersuchung unter beiden Geschlechtern generell keine signifikanten Zusammenhänge zwischen der Intensität des Sportengagements und den Selbstkonzepten der sozialen Akzeptanz oder von engeren Freundschaften finden. Bemerkenswert ist aber, dass das Selbstbild der sozialen Akzeptanz ungünstiger ausfiel, wenn die Jugendlichen ein wöchentliches Sportengagement von mehr als zehn Stunden aufwiesen.

Etwas breiter gestützt sind demgegenüber Unterschiede oder Zusammenhänge des Sportengagements mit dem *generellen Selbstkonzept*, das als Kristallisationskern der Wahrnehmungen und Bewertungen der eigenen Person gilt. In verschiedenen *deutschen Surveys* berichteten sportaktive Heranwachsende weit übereinstimmend über ein günstigeres Selbstwertgefühl als ihre sportlich unauffälligen Geschlechtsgenossinnen und -genossen (Baur und Burrmann 2000; Baur et al. 2002; Burrmann et al. 2002; Endrikat 2001; Späth und Schlicht 2000), das sich auch in entsprechend positiven Zusammenhängen ($r = 0{,}18$) zeigte (Raithel 2003).

Auch in der *kanadischen* Untersuchung ergab sich ein moderater Zusammenhang zwischen Selbstwert und Sportengagement ($r = 0{,}29$), indem das Selbstwertgefühl umso positiver ausfiel, je engagierter die Jugendlichen ihrem Sport nachgingen (Findlay und Bowker 2009). Dass geringe Vorteile zugunsten der Sportengagierten auch jenseits des Fußballs zu finden sind, dokumentiert die Studie an *norwegischen* Jugendlichen, die eine signifikante, aber schwache Korrelation ($r = 0{,}11$) beobachtete (Haugen et al. 2011). Allerdings konnte in einer Studie an *türkischen* Schülerinnen und Schülern mit einem Durchschnittsalter von ca. 12,5 Jahren ebenso keine Differenz im Selbstwertgefühl von sportlich aktiven und unauffälligen Heranwachsenden ermittelt werden wie in einem *spanischen* Sample, das etwa zwei Jahre älter war (Balaguer et al. 2012). Demgegenüber ergaben sich für *australische* Studierende gegenüber sportlich unauffälligen ein höheres generelles Selbstkonzept, wenn sie Hochleistungssport betreiben, wobei die Unterschiede unter den Studentinnen deutlich größer ausgeprägt waren (Marsh et al. 1997).

Zusammenfassend ist festzuhalten, dass sich national wie international keine querschnittliche Studie findet, die negative Zusammenhänge zwischen den verschiedenen Selbstkonzeptfacetten der Heranwachsenden und ihrem Sportengagement beobachten konnte. Vielmehr zeigen sich in mehreren Dimensionen des Selbstkonzepts, wenn auch in unterschiedlichem Ausmaß, überwiegend *positive Assoziationen*, sodass sich sportaktive Heranwachsenden in der Regel ein günstigeres Selbstkonzept attestieren als sportlich eher Abstinente.

3.3 Das Selbstkonzept – Motor oder Ergebnis des Sportengagements?

Zusammenhänge zwischen Sportengagement auf der einen Seite und den einzelnen Selbstkonzeptdimensionen auf der anderen Seite, aber auch Unterschiede zwischen Gruppen, die ein divergierendes Maß an sportlicher Aktivität aufweisen, sagen freilich noch nichts darüber aus, ob sich höhere Selbstkonzeptwerte infolge eines erhöhten Sportengagements einstellen. Diese Frage der *Wirkung* lässt sich vor allem mithilfe von *längsschnittlichen* Studien untersuchen, die also die Veränderung eines Merkmals in einer Stichprobe über einen mehr oder weniger langen Zeitraum genau beobachten. Zudem kann in solchen longitudinalen Designs geprüft werden, welche *Wirkungsrichtung* im Hinblick auf den Zusammenhang von Sportengagement und Selbstkonzept identifiziert werden kann.

Ob ein Wirkungszusammenhang zwischen dem Sportengagement und dem Selbstkonzept empirisch vorliegt, kann grundsätzlich auf *zwei Wegen* geprüft werden. Einerseits lässt sich untersuchen, inwieweit sich Unterschiede zwischen sportlich Aktiven und Unauffälligen oder Gruppen mit verschieden ausgeprägtem Sportengagement im Laufe der Zeit verändern. Es gilt also auf der Basis von theoretisch fundierten Annahmen (Abschn. 3.1) zu prüfen, ob sich die Selbstkonzeptwerte der Sportengagierten über die Zeit anders entwickeln als die der sportlich kaum oder gar nicht Aktiven. Das gängige Verfahren dafür ist die *Varianzanalyse*, die in ihrer einfachsten Variante mit zwei Messzeitpunkten prüft, ob die Veränderungen der Mittelwerte des Selbstkonzepts in den jeweiligen Gruppen statistisch bedeutsam unterschiedlich ausfallen. Eine solche unterschiedliche Entwicklung der Mittelwerte im Sinne der bisher vorgestellten Annahmen ist idealtypisch in Abb. 3.2 dargestellt.

Andererseits kann der Wirkungszusammenhang mithilfe eines *Regressionsmodells* überprüft werden, indem in der Grundform analysiert wird, inwieweit das Sportengagement zum ersten Messzeitpunkt (als unabhängige Variable oder Prädiktor) das Selbstkonzept zum zweiten Messzeitpunkt (abhängige Variable oder Kriterium) vorhersagt und ob der entsprechende Regressionskoeffizient eine statistisch bedeutsame Größenordnung erreicht.

Liegen längsschnittlich abgesicherte Unterschiede oder Zusammenhänge vor, stellt sich die Frage, was als Ursache und was als Wirkung ausgemacht werden

3.3 Das Selbstkonzept – Motor oder Ergebnis des Sportengagements?

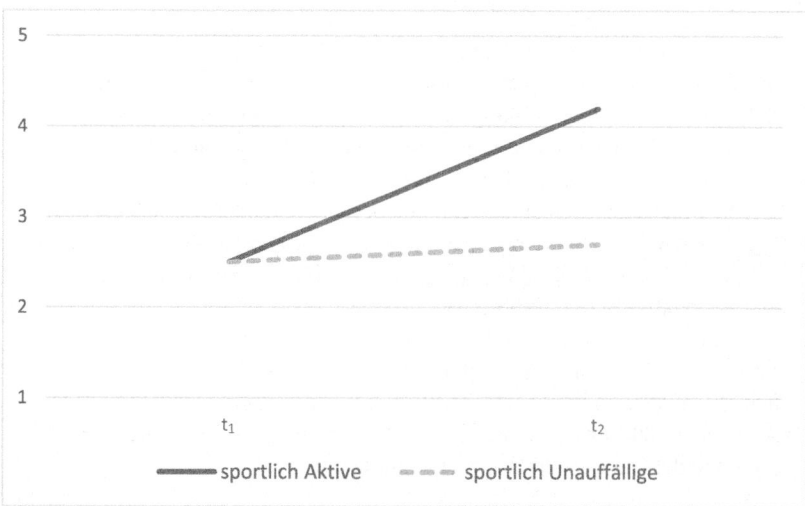

Abb. 3.2 Idealtypische Entwicklung der Selbstkonzeptmittelwerte von sportlich Aktiven und Unauffälligen über zwei Messzeitpunkte. (Eigene Darstellung)

kann, denn man muss sich im Hinblick auf die *Wirkungsrichtung* klar machen, dass aus theoretischer Sicht grundsätzlich drei verschiedene Muster denkbar sind:

1. Die *Sozialisations-* oder „skill development"-Hypothese, die eine Wirkung sportlicher Aktivitäten auf das Selbstkonzept unterstellt (etwa im Sinne der Annahmen in Abschn. 3.1).
2. Die *Selektions-* oder „self-enhancement"-Hypothese, die Selbstkonzeptmerkmale als Voraussetzung und damit als Motor für sportliche Aktivitäten annimmt. Sie geht davon aus, dass Menschen dazu neigen, bevorzugt solche Situation und Kontexte aufzusuchen, die ihren Fähigkeitsselbstkonzepten besonders gut entsprechen.
3. Die „reciprocal effect"-Hypothese, die von einem wechselseitigen Einfluss beider Konstrukte ausgeht, also dass sowohl Sozialisations- als auch Selektionseffekte zu beobachten sind.

Die Überprüfung der möglichen Wirkungsrichtungen kann grundsätzlich über sogenannte *Cross-Lagged-Panel-Designs* erfolgen, in denen die Größenordnungen aller auftretenden Zusammenhänge zwischen den Konstrukten analysiert werden

> **Exkurs: Cross-Lagged-Panel-Design**
> In einem Cross-Lagged-Panel-Design werden im Grundmodell und hinsichtlich unserer Fragestellung zum einen das Fähigkeitsselbstkonzept zu den Messzeitpunkten t_1 und t_2 und zum anderen die Sportaktivität zu t_1 und t_2 im Hinblick auf alle möglichen Zusammenhänge mithilfe von Korrelationen oder pfadanalytisch untersucht. Von besonderem Interesse sind dabei die sogenannten Kreuzpfade oder Kreuzkorrelationen zwischen Sportaktivität zu t_1 und Fähigkeitsselbstkonzept zu t_2 sowie Fähigkeitsselbstkonzept zu t_1 und Sportaktivität zu t_2 (Abb. 3.3).
> Der erstere Kreuzpfad gibt dabei die Größenordnung des *Sozialisationseffekts* gemäß der „skill development"-Hypothese an und letzterer das Ausmaß des *Selektionseffekts* entsprechend der „self-enhancement"-Hypothese. Ähnliche Größenordnungen weisen dabei auf einen wechselseitigen Effekt im Sinne der „reciprocal effect"-Hypothese hin.
>
>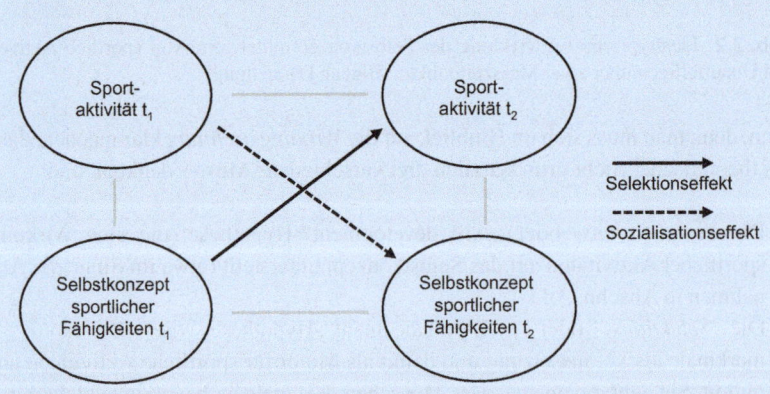
>
> **Abb. 3.3** Grundmodell des Cross-Lagged-Panel-Designs. (Eigene Darstellung)

Im Bereich des *sportlichen Fähigkeitsselbstkonzepts* sind die empirischen Forschungsaktivitäten am reichhaltigsten. Mit Blick auf den *internationalen* Forschungsstand fand die Metaanalyse von Babic et al. (2014) für zehn Längsschnittstudien mehrheitlich einen moderat positiven und signifikanten Zusammenhang ($r = 0{,}34$) zwischen dem Sportengagement und sportlichen Fähigkeitsselbsteinschätzungen in beiden Geschlechtern. Komplexe Analysen, die nicht nur die Mittelwerte verschieden aktiver Gruppen zu mehreren Messzeitpunkten

3.3 Das Selbstkonzept – Motor oder Ergebnis des Sportengagements?

einbezogen, sondern auch die Zusammenhänge von Veränderungen einerseits der körperlichen Aktivität und andererseits des Fähigkeitsselbstbilds, zeigten für kanadische Mädchen im mittleren Jugendalter mäßige, aber signifikant positive Zusammenhänge (Lindwall et al. 2014).

Und auch für *Deutschland* konnten entsprechende Assoziationen in ähnlicher Größenordnung gezeigt werden. So beobachtete Burrmann (2004) eine mäßige Korrelation (r = 0,39) des Sportengagements zu Beginn des Jugendalters mit den Fähigkeitsselbsteinschätzungen vier Jahre später.

Sobald das Sportengagement aber etwas *differenzierter* betrachtet wird, ergibt sich ein weniger eindeutiges Bild. Richtet man zunächst das Augenmerk auf *hochleistungssportlich* aktive Jugendliche, fanden nationale wie internationalen Studien – ganz ähnlich wie in Querschnittstudien – durchgehend signifikant günstigere Einschätzungen der eigenen sportlichen Fähigkeiten gegenüber den Vergleichsgruppen (Breithecker 2016; Marsh 1998; Marsh et al. 2015). Allerdings zeigten sich in der Regel bereits zu *Beginn der Untersuchungszeiträume* signifikante Eingangsunterschiede, die zugunsten der sportaktiven Heranwachsenden ausfielen und im Zeitverlauf relativ stabil blieben oder schwanden; entweder weil die Werte der sportlich Unauffälligen sich denen der hochleistungssportlich Aktiven annäherten oder weil sich der Big-Fish-Little-Pond-Effekt (Abschn. 2.1) bemerkbar machte (Marsh et al. 2015). Entsprechend zeigten sich die *Entwicklungsverläufe* beider Gruppen nicht signifikant unterschiedlich (Breithecker 2016; Marsh 1998), oder die Differenzen zugunsten der Athletinnen und Athleten erreichten gegen Ende des Untersuchungszeitraums keine signifikante Größenordnung mehr. Insgesamt kann also die Annahme, hochleistungssportliches Engagement führe vor dem Hintergrund häufig positiv erlebter leistungsthematischer Situationen systematisch zu einem besonders günstigen sportlichen Fähigkeitsselbstkonzept, *empirisch nicht bestätigt* werden.

Waren die Heranwachsenden *vereins-* und wohl auch *wettkampfsportlich* aktiv, zeigten sich gegenüber Inaktiven unterschiedliche Zusammenhänge des Sportengagements mit dem Fähigkeitsselbstbild. Für *Deutschland* beobachteten Gerlach und Brettschneider (2013) in einem Zeitraum von der Grundschule bis zum Ende der Sekundarstufe II, dass Vereinsmitglieder durchgängig ein günstigeres Fähigkeitsselbstbild zeigen als Nichtmitglieder, sich die Differenzen aber nicht substanziell veränderten. Allerdings war mit dem Einstieg in den Vereinssport ein bemerkenswerter Anstieg der eigenen Fähigkeitseinschätzungen verbunden, während mit dem Ausstieg ein sinkendes Fähigkeitskonzept verknüpft war. Bei einer weniger differenzierten Betrachtung des Sportengagements im Verein zeigte sich unter Sekundarschülerinnen und -schülern, dass sich die organisiert Aktiven gegenüber sportlich Unauffälligen günstigere Fähigkeitsselbstbilder attestieren, aber keine

Veränderungen im Sinne der Sozialisationshypothese auftraten (Brettschneider und Kleine 2002). Und auch Burrmann (2004) fand keinen Einfluss der Vereinsmitgliedschaft auf die Entwicklung des Fähigkeitskonzepts.

Schließlich ermittelte eine Studie an *US-amerikanischen* Heranwachsenden, dass die Teilnahme an organisierten Sportaktivitäten nur in der Grundschule die sportlichen Fähigkeitsselbsteinschätzungen nach einem Schuljahr zwar signifikant, aber nur sehr schwach (r = 0,14) vorhersagen konnte, während ab der Sekundarstufe I keine substanziellen Zusammenhänge mehr auftraten (Dawes et al. 2014).

Hinsichtlich der Frage, welche *Wirkungsrichtung* in der Wechselbeziehung zwischen Sportengagement und sportlichem Fähigkeitsselbstkonzept dominiert, sind die Befunde zunächst uneinheitlich, weil einerseits wohl vor allem das Alter eine Rolle spielt und andererseits manchmal das Sportengagement und manchmal die sportmotorischen Leistungen untersucht wurden. Während Marsh et al. (2007) in einer *deutschen* Stichprobe von Kindern vor allem wechselseitige Wirkungen zwischen sportmotorischen Leistungen und Selbstkonzept fanden, konnten Ahnert und Schneider (2006) *Sozialisationseffekte* von motorischen Testleistungen auf das Fähigkeitsselbstkonzept in der *Kindheit* beobachten, bevor dann allerdings eingangs des Jugendalters auch reziproke Beziehungen zu beobachten waren. In die gleiche Richtung weisen jüngere Befunde an *Grundschulkindern* (Strotmeyer et al. 2022).

Burrmann (2004) berichtet für den Abschnitt des *frühen Jugendalters* einen überwiegenden Einfluss des Sportengagements im Sinne der „skill enhancement"-Hypothese, denn die Jugendlichen schätzten sich umso günstiger ein, je häufiger sie vier Jahre zuvor sportlich aktiv waren. In diese Richtung weisen gleichfalls Befunde einer jüngeren Studie an australischen Jugendlichen (Garn et al. 2020): Das Ausmaß der körperlichen Aktivitäten konnte das sportliche Fähigkeitsselbstkonzept nach etwa 16 Monaten recht gut vorhersagen, wobei *schulische Bewegungsaktivitäten* etwas stärker wirkten (β = 0,40) als das Engagement in der Freizeit (β = 0,34).

Jacobs et al. (2005) berichten, dass sportliches Engagement zu einer Stärkung des Selbstkonzepts führte, umgekehrt beeinflusste jedoch das sportliche Fähigkeitsbild nur das Engagement in Team-, nicht aber in Individualsportarten. Demgegenüber konnten Trautwein et al. (2008) bereits zum Ende des Grundschulalters – unter Kontrolle von Bezugsgruppeneffekten – *reziproke Beziehungen* zwischen Fähigkeitsselbstkonzept und Sportengagement bestätigen. Demgegenüber deuten die Befunde eines breiten US-amerikanischen Samples (Dawes et al. 2014), das von der 2. bis zur 11. Klasse reichte, auf Wirkungsmuster der *Selektionshypothese* hin, da das organisierte Sportengagement deutlich geringer auf das nachfolgende Fähigkeitsselbstkonzept wirkte (β = 0,05 bis β = 0,14) als umgekehrt der

3.3 Das Selbstkonzept – Motor oder Ergebnis des Sportengagements?

Selektionseffekt ($\beta = 0{,}29$ bis $\beta = 0{,}31$) – ein Muster, das auch in einer Studie an weiblichen kanadischen Jugendlichen (Lindwall et al. 2014) sowie in einer Untersuchung kanadischer College-Studierender (Lemoyne et al. 2015) beobachtet werden konnte.

Demzufolge zeichnet sich für den *angloamerikanischen Kontext* ein *schwacher Sozialisationseffekt* lediglich für die *Kindheit* ab, der sich offenbar mit dem Übergang in das Jugendalter verliert (Dawes et al. 2014) und von einem *Selektionseffekt* abgelöst wird. Demgegenüber identifizierten Gerlach und Brettschneider (2013) unter deutschen Rahmenbedingungen erst im Verlauf des Jugendalters *Sozialisationseffekte*, die allerdings nur dann auftraten, wenn die Jugendlichen ihr Sportengagement steigerten oder überhaupt erst aufnahmen.

Im Bereich des *Selbstkonzepts des eigenen Aussehens* finden sich deutlich weniger belastbare Befunde. Die schon erwähnte Metaanalyse von Babic et al. (2014) ermittelte recht *schwache Zusammenhänge* mit dem Sportengagement (r = 0,16) beider Geschlechter. Erwartungskonform fielen aber die Assoziationen in Abhängigkeit des Alters unterschiedlich aus: Bei jüngeren Jugendlichen waren die Korrelationen deutlich enger (r = 0,19) als unter älteren (r = 0,07).

Vor dem Hintergrund von *Umfang und Intensität* des sportlichen Engagements zeigen sich im Hinblick auf systematische Veränderungen allerdings kaum Effekte. Ein Vergleich von *hochleistungssportlich* aktiven Jugendlichen mit sportlich weniger auffälligen führt zwar zu positiveren Selbstbildern der körperlichen Attraktivität in der ersteren Gruppe (Heim 2002). Die Vorteile für die Leistungssportler traten aber in beiden Geschlechtern schon zu Beginn der Untersuchung auf und nahmen lediglich für die Jungen während des frühen Jugendalters zu. Für einen bescheidenen Einfluss des Sportengagements auf diese Facette des Selbstkonzepts sprechen auch die Ergebnisse von Burrmann (2004), die für *jugendliche Sportvereinsmitglieder* gegenüber der Kontrollgruppe keine bedeutsamen Wirkungen auf die Wahrnehmung von Figurproblemen beobachten konnte.

International fanden Garn et al. (2020) keinerlei Zusammenhänge mit dem Ausmaß der körperlichen Aktivität in Schule oder Freizeit, während eine frühere Studie einen schwachen Einfluss ($\beta = 0{,}12$) der Figurwahrnehmung auf das Ausmaß körperlicher Aktivitäten beobachtete (Garn et al. 2016). Für kanadische Mädchen im Jugendalter zeigten sich innerhalb eines Beobachtungszeitraums von drei Jahren ebenfalls recht lose Assoziationen (von $\beta = 0{,}12$ bis $\beta = 0{,}18$) zwischen dem Selbstkonzept der körperlichen Attraktivität und Aktivitätsmaßen, wobei Korrelationen im Hinblick auf Veränderungen der körperlichen Aktivität noch geringer ausfielen ($\beta = 0{,}10$; Crocker et al. 2006).

Im Hinblick auf die *Wirkungsrichtungen* berichten Lindwall et al. (2014) anhand einer Stichprobe der gleichen kanadischen Jugendlichen etwas *stärkere Se-*

lektions- als Sozialisationseffekte. Demgegenüber beobachteten Garn et al. (2016) unter US-amerikanischen Kindern ausschließlich *Selektionseffekte,* in deren Folge das Selbstbild der eigenen Figur eine erhöhte körperliche Aktivität nach acht Monaten vorhersagen konnte. Zu Beginn des Jugendalters vermochte die erhöhte körperliche Aktivität in einer nachfolgenden Studie das Selbstkonzept des Aussehens – im Gegensatz zum Fähigkeitsselbstbild – ebenfalls nicht vorherzusagen (Garn et al. 2020). Allerdings ermittelte Burrmann (2004) für deutsche Jugendliche, dass Figurwahrnehmungen das Ausmaß sportlicher Aktivität etwas besser prognostizierten (r = 0,19) als der umgekehrte Selektionseffekt (r = 0,07).

Trotz der eher unbefriedigenden Forschungslage kann man bilanzieren, dass die Zusammenhänge zwischen dem Sportengagement und dem Selbstbild der körperlichen Attraktivität recht lose ausfallen und auch Umfang sowie Intensität der sportlichen Aktivitäten kaum eine Rolle spielen. Die theoretisch durchaus plausible Annahme, dass ein, vor allem vereinsorganisiertes, Sportengagement sich systematisch günstig auf das Selbstkonzept der Attraktivität auswirkt, *findet empirisch keine Bestätigung.*

Mit Blick auf das *soziale Selbstkonzept der Beziehungen zu Peers* ist die Forschungslage noch unbefriedigender. Dies gilt insbesondere für die *internationale* Forschung, obwohl die im angloamerikanischen Raum bevorzugt interessierende „self enhancement"-Hypothese durchaus auch für Peerbeziehungen plausibel ist. Denn der Sport bietet Heranwachsenden, die sich gute soziale Selbstkonzepte attestieren, besondere Möglichkeiten von sozialen Erfahrungen im Horizont von Kooperation und Konkurrenz. Für *Deutschland* zeigte eine Studie an *jugendlichen Hochleistungssportlern* in der Facette der Beziehungen zu Peers des eigenen wie des anderen Geschlechts gegenüber der Kontrollgruppe günstigere Werte zu Beginn und am Ende des dreijährigen Untersuchungszeitraums (Heim 2002). Allerdings wirkte sich das leistungssportliche Engagement nicht auf die Entwicklung dieser Selbstkonzeptfacetten aus (Heim 2002). Vielmehr näherte sich das Selbstbild der sozialen Beziehungen zu Peers des anderen Geschlechts im Verlauf des jüngeren Jugendalters unter sportlich weniger auffälligen Heranwachsenden immer stärker dem der der Hochleistungssportler an (Heim 2002; Heim und Brettschneider 2002). Nahezu identische Muster fand auch Breithecker (2016), wobei sich dort die Unterschiede zugunsten der leistungssportlich Aktiven im Hinblick auf die Beziehungen zu Peers des eigenen Geschlechts bereits nach einem Jahr aufgelöst hatten.

Unter Bedingungen eines *wettkampforientierten Breitensports* berichteten sportlich engagierte Jugendliche über ähnliche Beziehungsqualitäten und ihre Entwicklung sowohl im Hinblick auf die Gleichaltrigen des eigenen wie des anderen Geschlechts (Brettschneider und Kleine 2002; Heim und Brettschneider 2002).

3.3 Das Selbstkonzept – Motor oder Ergebnis des Sportengagements?

Gerlach und Brettschneider (2013) konnten in ihrem zehnjährigen Längsschnitt beobachten, dass die Selbstkonzeptwerte der sportlich kaum Engagierten von der Kindheit bis in die späte Jugendphase zunehmend das Niveau der Aktiven erreichten, also wenig für die „skill enhancement"-Hypothese spricht. Dabei zeigte sich allerdings auch, dass gerade jene Heranwachsende, die in der Kindheit als motorisch schwach galten und gleichzeitig geringe soziale Akzeptanz wahrnahmen, aber kontinuierlich im Sportverein verblieben, über die Jugendphase hinweg deutlich positivere Entwicklungen aufwiesen. Und Burrmann (2004) ermittelte schließlich in Cross-Lagged-Korrelationen eine mäßig positive Wirkung des Sportengagements auf die sozialen Selbstkonzepte für Peers des eigenen (r = 0,22) und des anderen Geschlechts (r = 0,26), während die Zusammenhänge im Sinne der *Selektionshypothese* geringer ausfielen (r = 0,03 und r = 0,14). Bemerkenswert ist dabei, dass nicht die Häufigkeit des sportlichen Engagements entscheidend war, sondern die *Mitgliedschaft im Sportverein*.

Insgesamt gesehen kann eine systematische Wirkung sportlichen Engagements auf die sozialen Selbstkonzepte der Peerbeziehungen im Kindes- und Jugendalter *empirisch nicht gestützt* werden. Es verdichten sich die Hinweise, dass nicht so sehr der Umfang oder die Intensität des Sportengagements von Bedeutung ist, sondern vielmehr dessen *soziale Rahmung*, wie z. B. in Schulen mit besonderem sportlichem Profil.

Zusammenhänge zwischen dem Sportengagement und dem *Selbstwertgefühl* von Heranwachsenden sind in der empirischen Forschung zwar nicht metaanalytisch, aber in etlichen Studien dokumentiert. Für das *Kindesalter* berichten Lopes et al. (2022) auf Basis einer *portugiesischen* Stichprobe, dass die motorischen Fähigkeiten das Selbstwertgefühl in beiden Geschlechtern über vier Jahre mäßig vorhersagen konnten. Slutzky und Simpkins (2009) fanden dagegen in ihrer *US-amerikanischen* Studie moderat positive Wirkungen (r = 0,30) des Sportengagements auf das Selbstwertgefühl lediglich in Team-, nicht aber in Individualsportarten. Dieser Wirkungszusammenhang trat allerdings nicht direkt auf, sondern wurde über das sportliche Fähigkeitsbild vermittelt.

Eine Untersuchung an schwedischen Heranwachsenden *im jüngeren, mittleren und älteren Jugendalter* über jeweils drei Jahre verfuhr analog und prüfte vor allem, inwieweit Zusammenhänge zwischen sportlichem Engagement und generellem Selbstkonzept durch das sportliche Fähigkeitsselbstbild beeinflusst wurden (Wagnsson et al. 2014). Für alle drei Altersgruppen zeigte sich, dass ein höheres Sportengagement mit einem positiveren Selbstwert einhergeht, dies aber markant über das Fähigkeitskonzept vermittelt wurde. Eine *Schweizer* Studie an Fünftklässlern fand darüber hinaus, dass der positive Zusammenhang zwischen motorischen Testleistungen und Selbstwert gleichfalls durch sportliche Fähigkeitseinschätzungen vermittelt wurde, bei Jungen aber auch über die wahrgenommene soziale Akzeptanz der Gleichaltrigen (Schmidt et al. 2015).

Auch für *Deutschland* liegen einige Befunde vor, die allerdings das Augenmerk weniger auf die Rolle vermittelnder Konstrukte richten, sondern vor allem Einsichten hinsichtlich der *Intensität des sportlichen Engagements* bieten. Hochleistungssportlich aktive Jugendliche weisen, insbesondere im frühen, aber kaum im späten Jugendalter, günstigere generelle Selbstkonzepte auf als weniger Engagierte, aber deren Entwicklung unterscheidet sich weder im mittleren noch im späten Jugendalter (Heim 2002; Heim und Brettschneider 2002). Dieses Muster konnten auch Breithecker und Kehne (2019) bestätigen. Mit Blick auf das *Vereins-* und zumeist *wettkampfsportliche Engagement* finden sich gleichfalls Vorteile für die sportlich Aktiven, aber günstige Effekte des Sporttreibens auf die Entwicklung des jugendlichen Selbstwertgefühls ließen sich weder im Kindes- noch im Jugendalter nachweisen (Burrmann 2004; Gerlach und Brettschneider 2013; Heim und Brettschneider 2002). Positiv, aber nur episodisch wirkte es sich allenfalls aus, wenn Heranwachsende im späten Jugendalter ein Sportengagement aufnahmen (Gerlach und Brettschneider 2013).

Auch im Hinblick auf das Selbstwertgefühl muss wohl von *reziproken Wirkungsmechanismen* mit stärkeren *Selektions-* als *Sozialisationseffekten* ausgegangen werden. Allerdings konnten *direkte Wirkungen* zwischen dem Sportengagement und dem generellen Selbstkonzept kaum identifiziert werden, weil die Zusammenhänge vielmehr sehr deutlich über *körperlich-sportliche Fähigkeitsbilder* vermittelt werden. Die Studien, die beide Wirkungsrichtungen gegeneinander prüften und zugleich indirekte Effekte des Fähigkeitsselbstkonzepts einbezogen, kommen recht einhellig zu dem Schluss, dass sowohl Belege für die „skill development"- als auch für die „self-enhancement"-Hypothese vorliegen (Lindwall et al. 2014; Wagnsson et al. 2014), aber *Selektionseffekte* in der Größenordnung überwiegen ($\beta \sim 0{,}21$ gegenüber $\beta \sim 0{,}10$; Lindwall et al. 2014).

Die stärksten *Sozialisationseffekte* fanden sich im Altersverlauf dabei gegen Ende der Kindheit und hingen wohl auch mit naiv optimistischen Selbsteinschätzungen (Band 1, Abschn. 4.4) zusammen, während die intensivsten *Selektionsmuster* im Alter von 13 bis 15 Jahren beobachtet und mit gewachsenen Autonomiespielräumen in Verbindung gebracht wurden, indem die Jugendlichen nun auch etwas unabhängiger von den Eltern einem Sportengagement nachgehen konnten (Wagnsson et al. 2014).

Zusammenfassend zeigen sich in den Befunden von Längsschnittstudien Wirkungsmuster, die die *Sozialisations-* oder *„skill development"-Hypothese* empirisch *nur eingeschränkt stützen*. Da dies auch für die *Selektions- bzw. „self-enhancement"-Hypothese* gilt, erweisen sich die Zusammenhänge zwischen Sport-

3.3 Das Selbstkonzept – Motor oder Ergebnis des Sportengagements?

engagement und Selbstkonzept(facetten) deutlich komplexer als gemeinhin angenommen. Bilanzierend ist vielmehr überwiegend von *reziproken Wirkungspfaden* auszugehen, ohne dass sich bisher eindeutige Muster, etwa im Hinblick auf einzelne Selbstkonzeptfacetten oder Intensitäten des Sportengagements, abzeichnen.

Zudem scheinen sich *gesellschaftlich-kulturelle Einflüsse* abzuzeichnen: Während Studien an nordamerikanischen Stichproben (Dawes et al. 2014; Lemoyne et al. 2015; Lindwall et al. 2014) für Jugendliche eher Selektionseffekte nahelegen, sprechen Befunde an anderen Samples (Ahnert und Schneider 2006; Burrmann 2004; Marsh et al. 2007) stärker für „skill enhancement"- oder reziproke Effekte. Dieser Befund überwiegender Selektionsmuster unter nordamerikanischen Heranwachsenden lässt sich mit der Beobachtung verknüpfen, dass Menschen dieses, individualistisch orientierten, Kulturkreises in besonderem Maße nach einem (sehr) positiven Selbstbild streben (Eklund et al. 2023).[3]

Und schließlich verdichten sich erste Hinweise auf mehr oder weniger systematische Zusammenhänge mit bestimmten *Altersabschnitten*. Während im Kindesalter offenbar Sozialisationseffekte überwiegen, werden im Jugendalter eher Selektionsmechanismen wirksam (Wagnsson et al. 2014; Lindwall et al. 2014; Trautwein et al. 2008). Allerdings bedürfen diese Befunde weiterer empirischer Studien, die die Wirkungsrichtungen explizit in einem zeitlich umfangreicheren Längsschnitt adressieren.

Die *engsten Zusammenhänge* finden sich im Hinblick auf die Entwicklung des *Fähigkeitsselbstbilds der sportlichen Leistungen,* während Veränderungen im Selbstkonzept des Aussehens und der sozialen Beziehungen zu Peers – entgegen der theoretischen Überlegungen – kaum in nennenswerter Größenordnung beobachtet werden können. Aber es verdichten sich die Hinweise, dass das auch *soziale Selbstkonzept* eine bemerkenswerte vermittelnde Rolle im Hinblick auf die Entwicklung des generellen Selbstwertgefühls spielt.

Der reziproke Zusammenhang zwischen Selbstwertgefühl und Sportengagement wird darüber hinaus vor allem durch entsprechende *Kompetenzerfahrungen* über das Fähigkeitsselbstkonzept vermittelt. Diese Verknüpfung scheint aber auch durch das Sporttreiben in einem organisierten Rahmen und die *Einbindung in eine Gruppe* über das soziale Selbstkonzept moderiert zu werden. Obwohl die Größenordnungen der Effekte insgesamt eher gering ausfallen, sollten sie jedoch nicht

---

[3] Obwohl dies ursprünglich aus einem Vergleich mit dem asiatischen, kollektivistisch orientierten, Kulturkreis hervorging (Kitayama et al. 2006), legen die Ergebnisse der vergleichenden Studie von Brettschneider und Brandl-Bredenbeck (1997) zu amerikanischen und deutschen Jugendlichen diese Annahme nahe.

unterschätzt werden. Denn hervorzuheben ist, dass das Selbstwertgefühl eine globale Komponente darstellt, die sich nicht nur aus dem Sportengagement speist, sondern auch aus den Erfahrungen in vielen anderen Lebensbereichen und entsprechenden Selbstkonzeptfacetten hervorgeht.

3.4 Lässt sich der Zusammenhang zwischen Selbstkonzept und Sport gezielt beeinflussen?

In vielen Forschungsgebieten gelten Interventionsstudien als Königsweg, um kausale Wirkungen nachzuweisen, denn indem man zunächst zufällig (mindestens) zwei Gruppen bildet und in der sogenannten Experimental- oder Treatmentgruppe eine gezielte Maßnahme einsetzt, während die Kontrollgruppe nicht beeinflusst wird, kann geprüft werden, inwieweit sich im Gruppenvergleich und über den Interventionszeitraum hinweg unterschiedliche Entwicklungen eines Merkmals einstellen.

Im Hinblick auf die Fragestellung dieses Abschnitts sind solche *Zufallsstichproben* jedoch nur eingeschränkt aussagekräftig, weil die Heranwachsenden ihre jeweiligen alltagsweltlichen Sportengagements in der Regel weiterführen und diese neben den Interventionsmaßnahmen weiterhin Wirkung entfalten dürften. Dennoch bieten Interventionsstudien besonderen Erkenntnisgewinn, weil sie den Einfluss spezifischer Bedingungen auf Veränderungen im Selbstkonzept recht präzise prüfen können, wenn das alltagsweltliche Sportengagement in die Untersuchungen einbezogen wird.

Exkurs: Typen von Interventionsstudien
In Anlehnung an O'Mara et al. (2006) können in der Selbstkonzeptforschung idealtypisch vier Formen Interventionsstudien unterschieden werden:

1. *Direkte Interventionen*, in denen sowohl die Ziele als auch die Maßnahmen (Treatment) darauf ausgerichtet sind, das Selbstkonzept günstig zu beeinflussen.
2. *Indirekte Interventionen*, die Konstrukte jenseits des Selbstkonzepts (z. B. sportliche Leistungsfähigkeit) in den Mittelpunkt stellen und von denen aber eine Wirkung auf das Selbstkonzept angenommen werden kann.
3. *Inzidentelle Interventionen*, die nicht auf eine Veränderung des Selbstkonzepts zielen, in denen aber beiläufig das Selbstkonzept erhoben wird.
4. *Kombinierte Interventionen*, die einerseits direkte und andererseits indirekte Maßnahmen beinhalten.

3.4.1 Direkte Interventionen

Die wohl umfassendste Studie haben Conzelmann et al. (2011) vorgelegt. In Kooperation mit Lehrkräften wurden im *obligatorischen Sportunterricht* von 17 Mittelstufenklassen mehrerer Berner Primarschulen über zehn Wochen verschiedene Maßnahmen eingesetzt, die der Förderung unterschiedlicher Selbstkonzeptfacetten dienten. Die Kombination von *drei didaktischen Inszenierungsschwerpunkten* (Kompetenzerfahrung, reflexive Sportvermittlung, individualisierte Lernbegleitung) mit drei thematischen Modulen (Spiel, Wagnis, Leistung) sollte sich, so die Erwartung, in den Experimentalklassen in Veränderungen im sozialen, emotionalen und physischen sowie im generellen Selbstkonzept niederschlagen.

Im Ergebnis zeigte sich unter dem Einfluss des Spielmoduls ein kleiner (positiver) Effekt auf das *soziale Selbstkonzept* und unter den Bedingungen des wagnisorientierten Treatments ein leicht erhöhter *Körperselbstwert*. Zudem stellten sich Verbesserungen des *physischen Selbstkonzepts* mit kleinen Effektstärken unter den Bedingungen der Leistungsintervention ein, während sich Veränderungen des *Selbstwertgefühls* nicht beobachten ließen. Bemerkenswert ist, dass die Wirkungen der adressierten Maßnahmen lediglich unmittelbar im Zuge der Interventionen auftraten, sich aber nach etwa fünf Monaten (Follow-up) so weit abgeschwächt hatten, dass keine statistisch bedeutsamen Unterschiede zwischen Kontroll- und Experimentalklassen zu finden waren.

Darüber hinaus wurde im Rahmen dieses Interventionsdesigns auch untersucht, inwieweit die Maßnahmen einer Betonung der individuellen Bezugsnormorientierung die *Veridikalität* (Band 1, Abschn. 4.4) der Fähigkeitsselbstbilder der Kraft und Ausdauer beeinflussen konnten (Schmidt et al. 2013). Dabei zeigte sich, dass es sowohl den Schülern der Experimentalgruppe, die ihre entsprechenden Fähigkeiten überschätzten, als auch jenen, die sie unterschätzten, am Ende der Intervention gelang, ihre Kraft- und Ausdauerfähigkeiten gegenüber der Kontrollgruppe signifikant realistischer zu beurteilen, während sich erwartungskonform keine Veränderungen unter den Heranwachsenden beobachten ließen, die ihre Fähigkeiten schon zu Beginn der Maßnahmen realistisch bewerten konnten.

Effekte auf das *soziale Selbstkonzept* standen in der ebenfalls in der Schweiz durchgeführten Studie von Magnaguagno et al. (2016) im Mittelpunkt. Das dreifach gestufte Treatment im regulären *Sportunterricht* der 5. Klasse bestand aus der Behandlung von Themen des (sportbezogenen) sozialen Lernens sowie aus einem Sportunterricht, der über 14 Wochen den Austausch und die Reflexion der Unterrichtserfahrungen betonte. Hierzu wurden die beteiligten Lehrkräfte einer Experimentalgruppe durch Schulungen und Lehrmaterialien unterstützt, die andere Experimentalgruppe erhielt nur die Lehrmaterialien, während in den Kontrollklassen der übliche Sportunterricht stattfand.

Unter Kontrolle der Umsetzungsqualität der Maßnahmen ließ sich lediglich ein kleiner Effekt des zweifachen Lehrertreatments auf das *Selbstkonzept der Kooperationsfähigkeit* der Schüler beobachten, der auch im Follow-up nach fünf Monaten bestehen blieb. Dagegen zeigten sich keine Auswirkungen im Hinblick auf das *Selbstkonzept der sozialen Akzeptanz*, der *Konfliktfähigkeit* oder der *sozialen Selbstwirksamkeitserwartung*. Hervorzuheben ist, dass offenbar vor allem die Schulung der Lehrkräfte mit günstigeren Selbsteinschätzungen der Schüler verknüpft war und die Effekte unter dieser Bedingung auch länger anhielten.

Explizit auf den schulischen *Sportunterricht* war ein fünfmonatiges Training von Schweizer Lehrkräften ausgerichtet (Oswald et al. 2020). Das Programm akzentuierte einen *selbstkonzeptförderlichen Unterricht*, der durch individualisierte Lernbegleitung, reflexive Sportvermittlung, d. h. eine Lenkung der Schüler auf individuelle Lernfortschritte, und eine Betonung von entsprechenden Rückmeldungen durch Lehrkräfte charakterisiert war. Obwohl die Lehrkräfte im Vergleich mit der Kontrollgruppe verstärkt im Sinne einer Selbstkonzeptförderung unterrichtet hatten – sich dabei aber in Richtung eines positiv-konstruktiven Feedbacks nicht signifikant von der Kontrollgruppe unterschieden! –, wurde lediglich der bekannte, altersbedingte negative Trend im sportlichen Fähigkeitsselbstbild der Schüler geringfügig abgepuffert, ihr generelles körperliches Selbstwertgefühl aber nicht beeinflusst.

Jenseits des deutschen Sprachraums finden sich im Hinblick auf Bewegung und Sport bislang kaum breit angelegte, direkte Interventionsstudien mit wissenschaftlichem Anspruch. Allerdings entsprechen die zuvor skizzierten Resultate der internationalen, domänenunspezifischen Befundlage, denn mit Blick auf verschiedene Interventionsstrategien konnten O'Mara et al. (2006) in ihrem Überblick zeigen, dass die größten durchschnittlichen Effekte von direkten Selbstkonzeptinterventionen dann eintraten, wenn Lehrkräfte ihre Rückmeldungen an die Schüler an *individuellen Leistungsfortschritten* (individuelle Bezugsnorm) ausrichteten und weniger auf soziale Vergleiche (soziale Bezugsnorm) zurückgriffen

3.4.2 Indirekte Interventionen

In einem quasi-experimentellem Design mit dem Ziel der Gesundheitsförderung untersuchten Demetriou et al. (2014) auch Veränderungen des *Selbstwirksamkeitsgefühls* unter etwa 12-jährigen Gymnasialschülern. Die unterrichtlichen, auf motorische Fähigkeiten und sportbezogenes Wissen ausgerichteten Maßnahmen führten dabei allerdings *nicht zu einer Erhöhung der Selbstwirksamkeit*, sondern es zeigten sich unter den Mädchen sogar signifikant geringere Werte.

3.4 Lässt sich der Zusammenhang zwischen Selbstkonzept und Sport gezielt ...

Dagegen konnte eine *internationale Metaanalyse* (Ekeland et al. 2005) im Zusammenhang mit ebenfalls gesundheitsorientierten Interventionen in randomisierten Designs kleine bis moderate Stärkungen des *Selbstwertgefühls* beobachten. Dabei fielen diese in Interventionsgruppen mit *gefährdeten Heranwachsenden* deutlich größer aus als in unauffälligen Samples. In nichtrandomisierten Studien ist die Befundlage noch uneinheitlicher, denn dort fanden sich nur in der Hälfte der Untersuchungen signifikant positive Entwicklungen. Eine weitere Metaanalyse (Ahn und Fedewa 2011), die auch unpublizierte Studien berücksichtigte, identifizierte kleine positive Effekte sportlicher Aktivität auf das *Selbstwertgefühl*, die allerdings in randomisierten Studien generell geringer ausfielen.

Dabei zeigten sich keine Unterschiede im Hinblick auf das *Alter* der Heranwachsenden, während sich vor allem *Ausdauer- und Krafttrainingsprogramme* als erfolgreich erwiesen. In die gleiche Richtung weist die jüngere Metaanalyse von Liu et al. (2015), die vor allem in Studien von *Heranwachsenden mit einem Risikopotenzial* (überwiegend Adipositas oder inaktive Lebensstile, aber auch Erkrankungen und Delinquenz) *stärkere Effekte* bis hin zu mittlerer Größenordnung identifizierte. Gleichfalls metaanalytisch fanden Spruit et al. (2016) überwiegend kleine Effekte von Interventionsmaßnahmen auf das generelle Selbstkonzept bzw. das Selbstwertgefühl von Jugendlichen. Dabei erwiesen sich ausdauerorientierte Bewegungsprogramme mit moderaten Anforderungen überlegen gegenüber sportlichen Angeboten mit wettbewerblichen Momenten.

Allerdings fanden Schneider et al. (2008) im Rahmen ihres neunmonatigen Sportprogramms (mit vier Angeboten pro Woche) für inaktive Schülerinnen zwar eine erhöhte Sportaktivität sowie eine bessere Fitness, aber keinerlei Wirkungen auf eine der Facetten des *sportlichen Fähigkeitsselbstbilds*, des Selbstkonzepts der *Attraktivität* oder des *Selbstwertgefühls*. Auch Strotmeyer et al. (2022) konnten in ihrer Intervention an Grundschulen, die allerdings lediglich 16 Schulstunden umfasste und eine Verbesserung verschiedener grundlegender motorischer Fertigkeiten (z. B. Rennen, Springen, Fangen, Werfen etc.) adressierte, zwar Wirkungen auf die Fähigkeiten der motorische Objektkontrolle identifizieren, aber keinerlei Effekte im Bereich der Fähigkeitsselbstbilder. Dass wohl vor allem Rückmeldungen von Lehrkräften, die *individuelle Bezugsnormen* betonen, Wirksamkeit entfalten, darauf weist auch die Untersuchung von Oswald et al. (2013) hin. In der Experimentalgruppe der Fünftklässler, die intensiveres individuell orientiertes Feedback erhalten und wahrgenommen hatte, verbesserte sich das sportliche Fähigkeitskonzept leicht, aber signifikant mit kleiner Effektstärke.

Inwiefern *erlebnispädagogische* Maßnahmen Einfluss auf die Selbstwirksamkeit nehmen, untersuchten Mutz und Müller (2016) an Achtklässlern und Studierenden. Während sich im Zuge einer Alpenüberquerung keine Veränderungen der

Selbstwirksamkeit zeigten, ließen sich unter den Bedingungen natursportlicher Maßnahmen mittlere Effekte finden. Die Befundlage internationaler Forschung zu erlebnispädagogischen Interventionen weist darauf hin, dass Wirkungen auf thematisch verwandte Selbstkonzeptfacetten (etwa das Selbstkonzept der körperlichen Fähigkeiten) mit moderater Effektstärke auftraten, während sich in inhaltlich ferneren Facetten sowie dem allgemeinen Selbstwertgefühl kaum Wirkungen beobachten ließen (O'Mara et al. 2006).

Treatments, die auf eine Verbesserung der motorischen Leistungsfähigkeit *unter kompetitiven versus kooperativen Bedingungen* im Vergleich mit einer Kontrollgruppe abzielten, führten bei australischen Mädchen allein zu einer Erhöhung des körperlich-sportlichen Fähigkeitsselbstbilds, nicht aber in anderen Dimensionen des Selbstkonzepts (Marsh und Peart 1988). Obwohl sich in beiden Experimentalgruppen die Fitness verbessert hatte, attestierten sich lediglich Mädchen, die unter den Bedingungen eines *kooperativen Trainings* trainiert hatten, ein *positiveres Selbstbild*. Demgegenüber zeigte sich unter *dem kompetitiven Treatment* eine *negative Entwicklung* des Selbstkonzepts.

Ähnlich gerichtete Ergebnisse fanden Staiano et al. (2013) infolge eines zwölfwöchigen Treatments mit digitalen, *kooperativen Bewegungsspielen* für übergewichtige Sekundarschüler. Dagegen beobachteten Eather et al. (2016) bei einem Fitnesstraining über acht Wochen in einer randomisierten australischen Stichprobe von Jugendlichen weder signifikante Veränderungen im Selbstkonzept der sportlichen Fähigkeiten oder der Attraktivität noch im Selbstwertgefühl. Allerdings zeigen sich große positive Effekte der Intervention in der Teilgruppe von *psychisch belasteten Heranwachsenden*, die sich günstige Veränderungen des Selbstwertgefühls sowie des Selbstkonzepts der Attraktivität wie der sportlichen Leistungsfähigkeit attestierten.

Letzterer Teilbefund korrespondiert mit der verbreiteten Einschätzung, von Interventionsmaßnahmen profitierten vor allem *benachteiligte Heranwachsende* mit niedrigen Ausprägungen der Selbstwahrnehmung (Fox 2000). Dem stehen allerdings Befunde von Lindwall und Lindgren (2005) entgegen, die im Rahmen eines sechsmonatigen, zumeist frei gewählten, Sportangebots für benachteiligte sportabstinente (schwedische) Sekundarschülerinnen kaum positive Effekte auf verschiedene Facetten des sportlichen Fähigkeitsselbstbildes finden konnten.

Insgesamt gesehen ist die Befundlage nationaler wie internationaler Studien im Hinblick auf Heranwachsende (noch) recht uneinheitlich.[4] Es scheint sich allerdings die Einschätzung von O'Mara et al. (2006) zu erhärten, dass eine allein auf

---

[4] Für das Erwachsenenalter sei auf die Metaanalyse von Spence et al. (2005) verwiesen.

3.4 Lässt sich der Zusammenhang zwischen Selbstkonzept und Sport gezielt ...

die Verbesserung der körperlich-sportlichen Fähigkeiten abzielende Intervention in unauffälligen Populationen vor allem zu einem erhöhten körperlichen Fähigkeitsselbstkonzept führt, aber eher schwache Wirkungen auf andere Selbstkonzeptfacetten wie das Selbstwertgefühl entfaltet. Dieser Befund ist einerseits theoretisch plausibel, weil das Selbstwertgefühl aus den Erfahrungen und Selbsteinschätzungen vieler Lebensbereiche hervorgeht. Andererseits darf er aber auch als Hinweis gelesen werden, dass die postulierte hierarchische Struktur des Selbstkonzepts (Band1, Abschn. 2.2.1) auch im Zusammenhang mit dem sportlichen Fähigkeitsselbstbild infrage gestellt werden muss.

3.4.3 Inzidentelle Interventionen und kombinierte Treatments

In erster Linie als Beitrag zur Schulentwicklungsforschung verstand sich eine mehrjährige Intervention, die im Kern eine zeitliche Ausweitung des Schulsportangebots über die drei obligatorischen Sportstunden hinaus vorsah, die Selbstkonzeptentwicklung der Grundschüler aber nicht explizit ansteuerte (Thiele und Seyda 2011). Dabei zeigten sich in der Gesamtstichprobe keinerlei Effekte auf das *Selbstkonzept der körperlichen Fähigkeiten* oder der *Attraktivität* sowie auf das *soziale* oder *schulische Selbstkonzept*. Lediglich im Hinblick auf das allgemeine und das körperbezogene Selbstwertgefühl waren geringfügig günstige Wirkungen bei Mädchen zu beobachten, insbesondere dann, wenn die Schulen das Konzept der *täglichen Sportstunde* weitgehend umgesetzt hatten (Seyda 2011).

In eine etwas andere Richtung weisen internationale Studien an *leistungssportlichen* Stichproben. So fanden Coatsworth und Conroy (2009) unter Bedingungen eines Schwimmtrainings, das die Autonomie der jugendlichen Athleten unterstützen sollte, neben einer deutlichen Verbesserung der wahrgenommenen Leistungsfähigkeit auch eine geringe Erhöhung des Selbstwertgefühls. Einen signifikanten Effekt auf die Selbstwirksamkeit infolge peer-gestützter Trainingsprozesse im *obligatorischen Sportunterricht* identifizierten Ensergueix und Lafont (2010) an einer französischen Stichprobe. Von besonderer Bedeutung schienen auch hier die *sozialen Beziehungen* innerhalb der Rahmung der sportlichen Intervention.

Ein kombiniertes Treatment wurde im Rahmen einer Studie zur Förderung psychosozialer Ressourcen im Sportverein in den Sportarten Turnen und Handball eingesetzt. Das Programm von Sygusch und Herrmann (2009) sollte die sportliche Handlungs- und Leistungsfähigkeit der Jugendlichen fördern, die mittelbar auch einen Beitrag zur allgemeinen Persönlichkeitsentwicklung leisten sollte. Auf Basis begleitender Trainerschulungen erhoffte man sich, im wettkampfsportlichen Training das Selbstkonzept und die Selbstwirksamkeit der jugendlichen Athleten zu stärken.

Während sich in *Trainer-Interviews* übereinstimmende Hinweise auf die Wirksamkeit des Programms zeigten (Herrmann 2012), konnten im quasi-experimentellen Design – auch unter Kontrolle der Konzepttreue des Trainings – weder Effekte auf die (sportbezogene) *Selbstwirksamkeit der Athleten* noch auf das *Selbstkonzept der sportlichen Fähigkeiten* oder *soziale Facetten* identifiziert werden (Herrmann 2012; Sygusch und Herrmann 2013). Bemerkenswert waren aber Veränderungen des *sozialen Zusammenhalts der Trainingsgruppe*, die – unabhängig von der Intervention – positiv mit einer günstigen Veränderung des *sportartspezifischen Fähigkeitsselbstbilds* verknüpft waren (vgl. ausführlich Herrmann 2012).

Insgesamt überrascht vor dem Hintergrund der Metaanalyse von O'Mara et al. (2006), dass die Kombination von fokussiertem Fertigkeits- bzw. Fähigkeitserwerb und direkter Selbstkonzeptintervention im Sport keine Wirkung zeitigte (Sygusch und Herrmann 2013). Dass die Wirkungen von Interventionen, die Bewegungs- oder Sportprogramme mit weiteren (allerdings nicht näher beschriebenen) Maßnahmen bislang noch nicht hinreichend geklärt werden konnten, zeigt auch die Metaanalyse von Liu et al. (2015). Denn auch hier wurde nur in etwa der Hälfte der 15 berücksichtigten Studien ein kleiner Interventionseffekt beobachtet.

Die dort nicht berücksichtigte Studie von Lander et al. (2019) fand in einer Stichprobe von australischen Schülerinnen der 7. Klassenstufe teilweise Effekte einer Lehrkräfteschulung, an die sich eine zwölfwöchige Unterrichtsintervention anschloss. Das Lehrkräftetraining erstreckte sich neben einer Fortbildung zur Förderung der grundlegenden motorischen (Schülerinnen-)Fähigkeiten auf einen *schülerorientierten Sportunterricht*, der besonders bewegungsaktiv, freudvoll, unterstützend, individualisiert und autonomiefördernd gestaltet werden sollte.

Die Maßnahmen führten bei den Schülerinnen der zufällig ausgewählten Experimentalgruppe zu einer *deutlichen Verbesserung der sportmotorischen Basisfähigkeiten* (Lander et al. 2017), aber weder zu einer Stärkung des *Selbstbilds der konditionellen oder Kraftfähigkeiten* noch der *körperlichen Attraktivität* oder des *körperlichen Selbstwerts* sowie der globalen körperlichen Kompetenzen. Allerdings stellten sich kleine Effekte im Hinblick auf die wahrgenommenen Fähigkeiten der motorischen Objektkontrolle sowie des Selbstkonzepts der sportlichen Kompetenz ein (Lander et al. 2019). Dass zudem keine Zusammenhänge zwischen den motorischen Verbesserungen und den verschiedenen Selbsteinschätzungen zu beobachten waren, weist einmal mehr darauf hin, dass die genauen Mechanismen der Wirkung von pädagogisch-psychologischen Maßnahmen *noch nicht hinreichend verstanden werden*.

3.4.4 Zwischenfazit

Während die Forschungslage in domänenunspezifischer Hinsicht, also jenseits von Sport und Bewegung, befriedigend ist (O'Mara et al. 2006), zeigt die Befundlage im Hinblick auf sportbezogene Interventionen auch heute noch beträchtliche Defizite. Dennoch zeichnen sich einige bemerkenswerte Erkenntnisse ab. So gibt es keine Hinweise, dass Maßnahmen zur Förderung des Selbstkonzepts im Bereich von Bewegung und Sport *weniger erfolgreich sein könnten* als in anderen Bereichen. Auch finden sich bislang keine Anzeichen, dass sportive Interventionen in *bestimmten Altersabschnitten* weniger oder mehr Wirkung versprechen. Ähnlich wie in domänenunspezifischen Metaanalysen (O'Mara et al. 2006) deutet vieles darauf hin, dass auch im Hinblick auf sportliche Aktivitäten *zielgerichtet* auf das Selbstkonzept ausgerichtete, *direkte Interventionen* den indirekten oder inzidentellen Treatments überlegen sind.

Zudem erweisen sich auch im Kontext von Sport Effekte auf *explizit adressierte* Selbstkonzeptfacetten deutlich stärker als auf Selbstkonzeptbereiche, die in der Intervention nicht ausdrücklich angesteuert werden. So zeigen sich vor allem Wirkungen auf das Selbstwertgefühl selten oder nur in bescheidenem Ausmaß. Auch allein auf die Verbesserung der körperlichen Leistungsfähigkeit gerichtete Interventionen führen kaum zu Resultaten im Selbstkonzept. Interventionseffekte gehen zudem offenbar mit besonderen *sozialen Beziehungsqualitäten* und *gezielten pädagogischen Inszenierungen* einher.

Gesichert scheint ferner, dass sportliche Maßnahmen dann größere Wirkung entfalten, wenn sie auf *benachteiligte Heranwachsende* fokussieren, während präventiv angelegte Interventionen in unauffälligen Stichproben zu geringeren Effekten führen. Schließlich deutet sich an, dass im deutschsprachigen Kontext insbesondere der *Sportunterricht* ein geeignetes Setting für Selbstkonzeptinterventionen darstellt. Internationale Befunde weisen aber gleichzeitig darauf hin, dass derartige Wirkungen auch im außerschulischen Sport möglich, die notwendigen Gelingensbedingungen mit Ausnahme einer förderlichen Feedbackkultur allerdings noch weitgehend unklar sind. Ebenso fraglich bleibt, inwieweit die beobachteten Interventionseffekte eine *mittelfristige Stabilität* über das Ende der Maßnahmen hinaus aufweisen.

3.4.5 Resümee

Ausgangspunkt dieses Abschnitts war die Frage, ob die vielfach angenommenen positiven Wirkungen eines sportlichen Engagements auf das Selbstkonzept von Heranwachsenden empirisch gestützt werden können.

Resümierend kann festgehalten werden, dass in *Querschnittuntersuchungen* ausnahmslos und über alle Dimensionen des Selbstkonzepts hinweg *positive, aber keinerlei negative* Zusammenhänge zwischen Selbstkonzeptmerkmalen und Indikatoren des sportlichen Engagements beobachtet werden können. Die engsten Assoziationen finden sich für das Selbstbild der sportlichen Fähigkeiten, etwas schwächere für das soziale Selbstkonzept und das Selbstbild des Aussehens sowie in geringerem Ausmaß für das generelle Selbstwertgefühl.

Längsschnittlich konzipierte Studien können einen substanziellen Effekt des Sportengagements auf Veränderungen nur in *wenigen der Selbstkonzeptfacetten* und dann lediglich in bescheidener Größenordnung nachweisen. Demnach scheinen die bekannten querschnittlichen Befundmuster zugunsten der sportaktiven Heranwachsenden in der Regel relativ entwicklungsstabil, werden aber durch das Sportengagement nur wenig (günstig) beeinflusst. Gerade in leistungssportlichen Settings, aber auch in Teilen des breitensportlich orientierten Vereinssports im deutschsprachigen Raum zeichnen sich offenbar vor allem *Selektionsprozesse in der frühen Jugendzeit oder bereits in der der Kindheit* ab.

Heranwachsende, die sich sportlich engagieren, weisen dabei zumeist bereits beim Einstieg in ihren Sport höhere Ausprägungen in verschiedenen Selbstkonzeptdimensionen auf, die sich im weiteren Verlauf der Sport- und Bewegungskarriere nicht systematisch verbessern, sondern letztlich – mit Ausnahme vor allem des sportlichen Fähigkeitsselbstkonzepts – denen der sportlich unauffälligen Jugendlichen weitgehend ähneln.

Somit scheinen Selbstkonzepte zunächst vornehmlich im Sinne *einer Voraussetzung sportlichen Engagements* zu fungieren und nur zum Teil als dessen Konsequenz. Allerdings ist auch von *reziproken Beziehungsmustern* zwischen sportlichen Engagements und Selbstkonzeptmerkmalen über mehrere Jahre hinweg auszugehen, in denen sich *Selektions- und Sozialisationsprozesse abwechseln oder überschneiden*.

Die *internationale Befundlage* erweist sich noch heterogener, weil sich Hinweise sowohl auf Sozialisations- als auch Selektionseffekte, aber auch auf reziproke Wirkungsmechanismen finden lassen, die nur zum Teil mit Altersphasen, verschiedenen Formen oder Intensitäten des Sportengagements in Verbindung gebracht werden können. Allerdings dürfen die vor allem in der angloamerikanischen Forschung gewonnenen Befunde nur eingeschränkt auf das Sportengagement im deutschen Sprachraum übertragen werden, denn es unterscheiden sich nicht nur die Sportkulturen und das Sportverständnis mehr oder weniger deutlich (Brettschneider und Brandl-Bredenbeck 1997), sondern auch die strukturellen Rahmenbedingungen insbesondere der wettkampf- und hochleistungssportlichen Aktivitäten Heranwachsender.

3.4 Lässt sich der Zusammenhang zwischen Selbstkonzept und Sport gezielt … 83

Die vielen Befunde, national wie international, stimmen aber darin überein, dass die Annahme von quasi *automatisch sich einstellenden günstigen* Wirkungen des Sportengagements auf das mehrdimensionale Selbstkonzept empirisch *nicht hinreichend* gestützt werden kann (vgl. auch Conzelmann und Schmidt 2020). Insbesondere die Erwartung, ein Sportengagement führe mehr oder weniger direkt zu einem günstigeren allgemeinen Selbstwertgefühl, findet keine empirische Unterstützung. Auch internationale Studien machen nachdrücklich darauf aufmerksam, dass für diesen postulierten Zusammenhang die mehrdimensionale Struktur des Selbstkonzepts vor allem im Hinblick auf das soziale und das – wohl differenzierter zu konzeptualisierende – körperliche Selbstkonzept und die jeweiligen Wirkungsmechanismen theoretisch wie empirisch präziser zu bedenken sind.

Vor dem Hintergrund der Befundlage, aber insbesondere auch aus theoretischer Sicht erscheinen die Annahmen eines systematisch positiven Zusammenhangs zwischen jedwedem Sportengagement und Selbstkonzept doch allzu unbedarft. Von Motivkonstellationen im Spektrum der Sinnperspektiven über die Bedeutung von Sieg und Niederlage bis hin zu sozialen Beziehungen zum Trainer und zwischen den Sportaktiven dürften sich die *Sportengagements beträchtlich unterscheiden*. Daher sollte die zukünftige Forschung das Sportengagement weitaus intensiver und differenzierter in den Blick nehmen (Heim und Brettschneider 2002; international: Bohnert et al. 2010).

Dies gilt vor allem im Hinblick auf Dauer, Umfang und Intensität sportlicher Aktivitäten, die Motivhorizonte der Heranwachsenden sowie die jeweiligen (sozialen) Rahmenbedingungen und Strukturen. Kurz gesagt sollte es darum gehen, die *Bedingungen* für selbstkonzeptförderliche Sportengagements zu identifizieren. Damit sich die komplexen Mechanismen im Zusammenhang von Sportengagement und Selbstkonzept näher beschreiben und aufklären lassen, wären darüber hinaus längsschnittliche Studiendesigns, die der Mehrdimensionalität des Selbstkonzepts ebenso Rechnung tragen wie dem Entwicklungsalter der Heranwachsenden, die Methode der Wahl.

Interventionsstudien im Kontext von Bewegung und Sport konnten allerdings eindrucksvoll bestätigen, dass sich Veränderungen im Selbstkonzept zwar keineswegs automatisch einstellen, aber mithilfe zielgenauer Maßnahmen der (pädagogischen) Inszenierung beeinflussen lassen. Daher sollte auch die zukünftige Interventionsforschung nicht allein den Wirkungsmechanismen nachgehen, sondern sich vor allem systematisch der Frage widmen, *welche Bedingungen* eine Entwicklung des Selbstkonzepts Heranwachsender fördern können. Gezielte, auf das Selbstkonzept ausgerichtete Interventionen bergen offenbar ein besonderes Potenzial für eine systematische Förderung von Heranwachsenden – insbesondere von benachteiligten Kindern und Jugendlichen. Dies gilt nicht nur für das physische Selbstkonzept, sondern auch für das soziale und das generelle Selbstwertgefühl.

Fragen und Denkanstöße

1. Warum ist es plausibel, Zusammenhänge zwischen dem Sportengagement und dem sozialen Selbstkonzept anzunehmen?
2. Welche Studiendesigns erlauben es, kausale Wirkungszusammenhänge zu prüfen?
3. Welche Schlüsse lassen sich insgesamt aus den vorliegenden Querschnittstudien zum Zusammenhang von Sportengagement und Selbstkonzept ziehen?
4. Welche Wirkungszusammenhänge werden bei der Sozialisations- bzw. der Selektionshypothese angenommen?
5. Warum ist es plausibel und theoriekonform, dass Zusammenhänge zwischen Sportengagement und allgemeinem Selbstwertgefühl schwächer ausfallen als im Hinblick auf das körperlich-sportliche Fähigkeitsselbstbild?
6. Inwieweit liefern Interventionsstudien einen zusätzlichen Erkenntnisgewinn im Hinblick auf die Zusammenhänge zwischen Sportengagement und Selbstkonzept?
7. Wie beurteilen Sie insgesamt die empirische Befundlage im Hinblick auf Zusammenhänge zwischen Sportengagement und Selbstkonzept?
8. Welche Konsequenzen ziehen Sie vor dem Hintergrund der empirischen Befundlage für den Sportunterricht?
9. Wo sehen Sie derzeit noch viele offene Fragen im Hinblick auf Zusammenhänge zwischen Sportengagement und Selbstkonzept? ◄

Literatur

Ahn, S. & Fedewa, A.L. (2011). A meta-analysis of the relationship between children's physical activity and mental health. *Journal of Pediatric Psychology, 36*(4), 385–397.

Ahnert, J. & Schneider, W. (2006). Selbstkonzept und motorische Leistungen im Grundschulalter – ein dynamisches Wechselspiel? In I. Hosenfeld (Hrsg.), *Schulische Leistung. Grundlagen, Bedingungen, Perspektiven* (S. 145–168). Münster u.a.: Waxmann.

Aşçi, F.H., Koşar, S.N. & Işler, A.K. (2001). The relationship of self-concept and perceived athletic competence to physical activity level and gender among Turkish early adolescents. *Adolescence, 36*(143), 499–507.

Asendorpf, J. & Neyer, F.J. (2012). *Psychologie der Persönlichkeit* (5. Aufl.). Berlin, Heidelberg: Springer.

Babic, M.J., Morgan, P.J., Plotnikoff, R.C., Lonsdale, C., White, R.L. & Lubans, D.R. (2014). Physical activity and physical self-concept in youth: Systematic review and meta-analysis. *Sports Medicine, 44*(11), 1589–1601.

Literatur

Balaguer, I., Atienza, F.L. & Duda, J.L. (2012). Self-perceptions, self-worth and sport participation in adolescents. *The Spanish Journal of Psychology, 15*(2), 624–630.

Baur, J. & Burrmann, U. (2000). *Unerforschtes Land: Jugendsport in ländlichen Regionen*. Aachen: Meyer & Meyer.

Baur, J., Burrmann, U. & Krysmanski, K. (2002). *Sportpartizipation von Mädchen und jungen Frauen in ländlichen Regionen*. Köln: Strauß.

Bohnert, A., Fredericks, J. & Randall, E. (2010). Capturing unique dimensions of youth organized activity involvement: Theoretical and methodological considerations. *Review of Educational Research, 80*(4), 576–610.

Breithecker, J. (2016). *Die NRW-Sportschule. Chronischer Stress und Selbstkonzeptentwicklung von Sportprofilklassenschülern*. Aachen: Meyer & Meyer.

Breithecker, J. & Kehne, M. (2019). NRW-Sportschule: Eine Längsschnittstudie zu Freizeitaktivität, chronischem Stress und Selbstkonzept. *Zeitschrift für sportpädagogische Forschung, 7*(2), 31–52.

Brettschneider, W.-D. & Brandl-Bredenbeck, H.P. (1997). *Sportkultur und jugendliches Selbstkonzept: eine interkulturell vergleichende Studie über Deutschland und die USA*. Weinheim: Juventa.

Brettschneider, W.-D. & Kleine, T. (2002). *Jugendarbeit in Sportvereinen. Anspruch und Wirklichkeit*. Schorndorf: Hofmann.

Burrmann, U. (2004). Effekte des Sporttreibens auf die Entwicklung des Selbstkonzepts Jugendlicher. *Zeitschrift für Sportpsychologie, 11*(2), 71–82.

Burrmann, U., Krysmanski, K. & Baur, J. (2002). Sportbeteiligung, Körperkonzept, Selbstkonzept und Kontrollüberzeugungen im Jugendalter. *Psychologie und Sport, 9*(1), 20–34.

Burrmann, U., Seyda, M., Heim, R. & Konowalczyk, S. (2016). Individualisierungstendenzen im Sport von Heranwachsenden – revisited. *Sport und Gesellschaft, 13*(2), 113–143.

Coatsworth, J.D. & Conroy, D.E. (2009). The effects of autonomy-supportive coaching, need satisfaction, and self-perceptions on initiative and identity in youth swimmers. *Developmental Psychology, 45*(2), 320–328.

Conzelmann, A. (2009). Differentielle Sportpsychologie – Sport und Persönlichkeit. In W. Schlicht & B. Strauß (Hrsg.), *Grundlagen der Sportpsychologie* (S. 375–439). Göttingen: Hogrefe.

Conzelmann, A. & Schmidt, M. (2020). Persönlichkeitsentwicklung durch Sport. In J. Schüler, M. Wegner & H. Plessner (Hrsg.), *Sportpsychologie: Grundlagen und Anwendung* (S. 337–354). Berlin, Heidelberg: Springer.

Conzelmann, A., Schmidt, M. & Valkanover, S. (2011). *Persönlichkeitsentwicklung durch Schulsport. Theorie, Empirie und Praxisbausteine der Berner Interventionsstudie Schulsport (BISS)*. Bern: Huber.

Crocker, P.R.E., Eklund, R.C. & Kowalski, K.C. (2000). Children's physical activity and physical self-perceptions. *Journal of Sports Sciences, 18*, 383–394.

Crocker, P.R.E., Sabiston, C.M., Kowalski, K.C., McDonough, M.H. & Kowalski, N. (2006). Longitudinal assessment of the relationship between physical self-concept and health-related behavior and emotion in adolescent girls. *Journal of Applied Sport Psychology, 18*(3), 185–200.

Dawes, N.P., Vest, A. & Simpkins, S. (2014). Youth participation in organized and informal sports activities across childhood and adolescence: Exploring the relationships of moti-

vational beliefs, developmental stage and gender. *Journal of Youth and Adolescence, 43*(8), 1374–1388.
Demetriou, Y., Sudeck, G. & Höner, O. (2014). Indirekte Gesundheitseffekte des Unterrichtsprogramms HealthyPEP. *Sportwissenschaft, 44*(2), 86–98.
Eather, N., Morgan, P.J & Lubans, D.R. (2016). Effects of exercise on mental health outcomes in adolescents: Findings from the CrossFit™ teens randomized controlled trial. *Psychology of Sport and Exercise, 26,* 14–23.
Ekeland, E., Heian, F., Hagan, K. & Coren, E. (2005). Can exercise improve self esteem in children and young people? A systematic review of randomised controlled trials. *British Journal of Sports Medicine, 39*(3), 792–798.
Eklund, R.C., Sabiston, C.M. & Kühnen, U. (2023). The self in sport and exercise. In J. Schüler, M. Wegner, H. Plessner & R.C. Eklund (Eds.), *Sport and exercise psychology* (S.459–483). Cham, CH: Springer.
Endrikat, K. (2001). *Jugend, Identität und sportliches Engagement.* Lengerich: Pabst.
Ensergueix, P.J. & Lafont, L. (2010). Reciprocal peer tutoring in a physical education setting: Influence of peer tutor training and gender on motor performance and self-efficacy outcomes. *European Journal of Psychology of Education, 25*(2), 222–242.
Findlay, L.C. & Bowker, A. (2009). The link between competitive sport participation and self-concept in early adolescence: A consideration of gender and sport orientation. *Journal of Youth and Adolescence, 38*(1), 29–40.
Fox, K.R. (2000). Self-esteem, self-perceptions and exercise. *International Journal of Sport Psychology, 31*(2), 228–240.
Garn, A.C., Morin, A.J.S., Martin, J., Centeio, E., Shen, B., Kulik, N., et al. (2016). A reciprocal effects model of children's body fat self-concept: Relations with physical self-concept and physical activity. *Journal of Sport and Exercise Psychology, 38*(3), 255–267.
Garn, A.C., Morin, A.J.S., White, R L., Owen, K.B., Donley, W. & Lonsdale, C. (2020). Moderate-to-vigorous physical activity as a predictor of changes in physical self-concept in adolescents. *Health Psychology, 39*(3), 190–198.
Gerlach, E. & Brettschneider, W.D. (2013). *Aufwachsen mit Sport. Befunde einer 10-jährigen Längsschnittstudie zwischen Kindheit und Adoleszenz.* Aachen: Meyer & Meyer.
Haugen, T., Säfvenbom, R. & Ommundsen, Y. (2011). Physical activity and global self-worth: The role of physical self-esteem indices and gender. *Mental Health and Physical Activity, 4*(2), 49–56.
Heim, R. (2002). *Jugendliche Sozialisation und Selbstkonzeptentwicklung im Hochleistungssport: Eine empirische Studie aus pädagogischer Perspektive.* Aachen: Meyer & Meyer.
Heim, R. (2006). Zur Lage des Schulsports in Deutschland. In A. Thiel, H. Meier & H. Digel (Hrsg.), *Der Wandel des Sportlehrerberufs* (S. 11–30). Hamburg: Czwalina.
Heim, R. (2021). Zwischen Wunsch und Wirklichkeit – Wirkungen des Sportengagements auf das Selbstkonzept Heranwachsender. In N. Neuber (Hrsg.), *Kinder- und Jugendsportforschung in Deutschland – Bilanz und Perspektive* (S. 89–110). Wiesbaden: Springer VS.
Heim, R. & Brettschneider, W.-D. (2002). Sportliches Engagement und Selbstkonzeptentwicklung im Jugendalter. *Zeitschrift für Erziehungswissenschaft, 5*(1), 118–138.
Herrmann, C. (2012). *Interventionsstudie PRimus – Psychosoziale Ressourcen im Jugendsport. Methoden und Ergebnisse der Evaluation der Programmdurchführung und Programmwirksamkeit.* Jena: Friedrich-Schiller-Universität.

Jacobs, J.E., Vernon, M.K. & Eccles, J.S. (2005). Activity choices in middle childhood: The roles of gender, self-beliefs, and parents' influence. In J.L. Mahoney, R.W. Larson & J.S. Eccles (Eds.), *Organized activities as contexts of development: Extracurricular activities, after-school and community programs.* (S. 235–254). Mahwah, NJ: Erlbaum.

Kitayama, S., Mesquita, B., & Karasawa, M. (2006). Cultural affordances and emotional experience: Socially engaging and disengaging emotions in Japan and the United States. *Journal of Personality and Social Psychology, 91*(5), 890–903.

Kurz, D. & Brinkhoff, K.-P. (1989). Sportliches Engagement und jugendliche Identität. In W.-D. Brettschneider, J. Baur & M. Bräutigam (Hrsg.), *Sport im Alltag von Jugendlichen* (S. 95–113). Schorndorf: Hofmann.

Lander, N., Morgan, P.J., Salmon, J.O. & Barnett, L.M. (2017). Improving early adolescent girls' motor skill: A cluster randomized controlled trial. *Medicine & Science in Sports & Exercise, 49*(12), 2498–2505.

Lander, N., Mergen, J., Morgan, P.J., Salmon, J. & Barnett, L.M. (2019). Can a teacher-led RCT improve adolescent girls' physical self-perception and perceived motor competence? *Journal of Sports Sciences, 37*(4), 357–363.

Lemoyne, J., Valois, P. & Guay, F. (2015). Physical self-concept and participation in physical activity in college students. *Medicine & Science in Sport & Exercise, 47*(1), 142–150.

Lindwall, M. & Lindgren, E.C. (2005). The effects of a 6-month exercise intervention programme on physical self-perceptions and social physique anxiety in non-physically active adolescent Swedish girls. *Psychology of Sport and Exercise, 6*(6), 643–658.

Lindwall, M., Asci, H. & Crocker, P. (2014). The physical self in motion: Within-person change and associations of change in self-esteem, physical self-concept, and physical activity in adolescent girls. *Journal of Sport and Exercise Psychology, 36*(6), 551–563.

Liu, M., Wu, L. & Ming, Q. (2015). How does physical activity intervention improve self-esteem and self-concept in children and adolescents? Evidence from a meta-analysis *PLoS ONE, 10*(8), e0134804.

Lohbeck, A., von Keitz, P., Hohmann, A. & Daseking, M. (2021). Children's physical self-concept, motivation, and physical performance: Does physical self-concept or motivation play a mediating role? *Frontiers in Psychology, 12.*

Lopes, V.P., Martins, S.R., Gonçalves, C., Cossio-Bolaños, M.A., Gómez-Campos, R. & Rodrigues, L.P. (2022). Motor competence predicts self-esteem during childhood in typical development children. *Psychology of Sport and Exercise, 63*, 102256.

Magnaguagno, L., Schmidt, M., Valkanover, S., Sygusch, R. & Conzelmann, A. (2016). Programm- und Outputevaluation einer Intervention zur Förderung des sozialen Selbstkonzepts im Sportunterricht. *Zeitschrift für Sportpsychologie, 23*(2), 56–65.

Marsh, H.W. (1987). The big-fish-little-pond effect on academic self-concept. *Journal of Educational Psychology, 79*(3), 280–295.

Marsh, H.W. (1998). Age and gender effects in physical self-concepts for adolescent elite athletes and nonathletes: A multicohort-multioccasion design. *Journal of Sport and Exercise Psychology, 20*(3), 237–259.

Marsh, H.W. & Peart, N.D. (1988). Competitive and cooperative physical fitness training programs for girls: Effects on physical fitness and multidimensional self-concepts. *Journal of Sport and Exercise Psychology, 10*(4), 390–407.

Marsh, H.W., Hey, J., Roche, L.A. & Perry, C. (1997). Structure of physical self-concept: Elite athletes and physical education students. *Journal of Educational Psychology, 89*(2), 369–380.
Marsh, H.W., Trautwein, U., Lüdtke, O., Köller, O. & Baumert, J. (2005). Academic self-concept, interest, grades, and standardized test scores: reciprocal effects models of causal ordering. *Child development, 76*(2), 397–416.
Marsh, H.W., Gerlach, E., Trautwein, U., Lüdtke, O. & Brettschneider, W.-D. (2007). Longitudinal study of preadolescent sport self-concept and performance. Reciprocal effects and causal ordering. *Child development, 78*(6), 1640–1656.
Marsh, H.W., Morin, A. & Parker, P. (2015). Physical self-concept changes in a selective sport high school: a longitudinal cohort-sequence analysis of the big-fish-little-pond effect. *Journal of Sport and Exercise Psychology, 37*(2), 150–163.
Mutz, M. & Müller, J. (2016). Mental health benefits of outdoor adventures: Results from two pilot studies. *Journal of Adolescence, 49*, 105–114.
Noack, P., Kauper, T., Benbow, A.E.F. & Eckstein, K. (2013). Physical self-perceptions and self-esteem in adolescents participating in organized sports and religious groups. *European Journal of Developmental Psychology, 10*(6), 663–675.
O'Mara, A.J., Marsh, H.W., Craven, R.G. & Debus, R.L. (2006). Do self-concept interventions make a difference? A synergistic blend of construct validation and meta-analysis. *Educational Psychologist, 41*(3), 181–206.
Oswald, E., Schmidt, M., Valkanover, S. & Conzelmann, A. (2013). Die Förderung des sportbezogenen Fähigkeitsselbstkonzepts mittels einer Intervention mit individueller Bezugsnormorientierung im Sportunterricht. *Spectrum der Sportwissenschaften, 25*, 5–20.
Oswald, E., Rubeli, B., Valkanover, S., Conzelmann, A. & Schmidt, M. (2020). Selbstkonzeptförderung im Sportunterricht: Evaluation eines fünfmonatigen Lehrer*innentrainings. *Zeitschrift für sportpädagogische Forschung, 8*(2), 59–77.
Prohl, R. & Krick, F. (2006). Lehrplan und Lehrplanentwicklung – Programmatische Grundlagen des Schulsports. In Deutscher Sportbund (Hrsg.), *DSB-SPRINT-Studie. Eine Untersuchung zur Situation des Schulsports in Deutschland* (S. 11-44). Aachen: Meyer & Meyer.
Raithel, J. (2003). Sportpartizipation vs. Sportabstinenz und Gesundheit im Jugendalter. Befunde zu vermuteten ressourcenstärkenden und entwicklungsfördernden Leistungen des Sports. *Zeitschrift für Gesundheitswissenschaften, 11*(2), 146–164.
Randall, E.T. & Bohnert, A.M. (2012). Understanding threshold effects of organized activity involvement in adolescents: Sex and family income as moderators. *Journal of Adolescence, 35*(1), 107–118
Schmidt, M., Valkanover, S., Roebers, C. & Conzelmann, A. (2013). Promoting a functional physical self-concept in physical education. Evaluation of a 10-week intervention. *European physical education review, 19*(2), 232–255.
Schmidt, M., Blum, M., Valkanover, S. & Conzelmann, A. (2015). Motor ability and self-esteem: The mediating role of physical self-concept and perceived social acceptance. *Psychology of Sport and Exercise, 17*, 15–23.
Schneider, M., Dunton, G.F. & Cooper, D.M. (2008). Physical activity and physical self-concept among sedentary adolescent females; An intervention study. *Psychology of Sport and Exercise, 9*(1),1–14.

Seyda, M. (2011). *Persönlichkeitsentwicklung durch Bewegung, Spiel und Sport: die Bedeutung des Schulsports für die Selbstkonzeptentwicklung im Grundschulalter*. Aachen: Meyer & Meyer.
Slutzky, C.B. & Simpkins, S.D. (2009). The link between children's sport participation and self-esteem: Exploring the mediating role of sport self-concept. *Psychology of Sport and Exercise, 10*(3), 381–389.
Späth, U. & Schlicht, W. (2000). Sportliche Aktivität und Selbst- und Körperkonzept in der Phase der Pubeszenz. *Psychologie und Sport, 7*(2), 51–65.
Spence, J.C., McGannon, K.M. & Poon, P. (2005). The Effect of exercise on global self-esteem: A quantitative review. *Journal of Sport and Exercise Psychology, 27*, 311–334.
Spruit, A., Assink, M., van Vugt, E., van der Put, C. & Jan Stams, G. (2016). The effects of physical activity interventions on psychosocial outcomes in adolescents: A meta-analytic review. *Clinical Psychology Review, 45*, 56–71.
Staiano, A.E., Abraham, A.A. & Calvert, S.L. (2013). Adolescent exergame play for weight loss and psychosocial improvement: a controlled physical activity intervention. *Obesity, 21*(3), 598–601.
Strotmeyer, A., Herrmann, C. & Kehne, M. (2022). A longitudinal analysis of reciprocal relationships between actual and perceived motor competencies and physical self-concept in primary-school age children. *Psychology of Sport and Exercise, 63*, 102269.
Sygusch, R. (2000). *Sportliche Aktivität und subjektive Gesundheitskonzepte*. Schorndorf: Hofmann.
Sygusch, R. & Herrmann, C. (2009). Entwicklungsförderung im außerschulischen Kinder- und Jugendsport. Konzept und Evaluation der Programmdurchführung. *Sportwissenschaft, 39*(3), 210–222.
Sygusch, R. & Herrmann, C. (2013). *PRimus – Psychosoziale Ressourcen im Kinder- und Jugendsport*. Hamburg: Feldhaus.
Thiele, J. & Seyda, M. (Hrsg.). (2011). *Tägliche Sportstunde an Grundschulen in NRW. Modelle – Umsetzungen – Ergebnisse*. Aachen: Meyer & Meyer.
Tietjens, M. (2001). *Sportliches Engagement und sozialer Rückhalt im Jugendalter*. Lengerich: Pabst.
Tietjens, M. (2009). *Physisches Selbstkonzept im Sport*. Hamburg: Czwalina.
Trautwein, U. & Möller, J. (2016). Self-concept: Determinants and consequences of academic self-concept in school contexts. In A.A. Lipnevich, F. Preckel & R.D. Roberts (Eds.), *Psychosocial skills and school systems in the 21st century: Theory, research, and practice* (S. 187–214). Cham, CH: Springer.
Trautwein, U., Gerlach, E. & Lüdtke, O. (2008). Athletic classmates, physical self-concept, and free-time physical activity: A longitudinal study of frame of reference effects. *Journal of Educational Psychology, 100*(4), 988–1001.
Wagnsson, S., Lindwall, M. & Gustafsson, H. (2014). Participation in organized sport and self-esteem across adolescence: The mediating role of perceived sport competence. *Journal of Sport and Exercise Psychology, 36*(6), 584–594.
Weinberg, R.S. & Gould, D. (Hrsg.). (2019). *Foundations of sport and exercise psychology* (7th Ed.). Campaign, IL.: Human Kinetics.

Züchner, I. (2013). Sportliche Aktivitäten im Aufwachsen junger Menschen. In M. Grgic & I. Züchner (Hrsg.), *Medien, Kultur und Sport. Was Kinder und Jugendliche machen und ihnen wichtig ist. Die MediKuS-Studie* (S. 89–137). Weinheim u.a.: Beltz Juventa.

Zurita-Ortega, F., Gonzalez-Alvaro, J.I., Castro-Sanchez, M., Knox, E., Muros, J.J. & Garófano, V.V. (2016). The influence of exercise on adolescent's self-concept. *International Journal of Sport Psychology, 47*(1), 67–80.

Schulpädagogische Schlussfolgerungen

4

Zusammenfassung

Dieses Kapitel greift die Befunde der Selbstkonzeptforschung auf und zieht Schlussfolgerungen für den schulischen Sportunterricht. Es geht also um empirisch gestützte Empfehlungen für die Rolle des Selbstkonzepts als Ziel und motivationale Komponente im Sportunterricht. Im Anschluss an eine Diskussion wünschenswerter Ausprägungen von Selbsteinschätzungen schließen Empfehlungen für einen selbstkonzeptförderlichen Sportunterricht im Hinblick auf die Prinzipien der Kompetenzerfahrung, eines reflexiven und individualisierten Unterrichts das Kapitel ab.

Das Anliegen dieses Kapitels, schulpädagogische Schlussfolgerungen auf der Grundlage der in den vorhergehenden Kapiteln vorgestellten empirischen Forschungsbefunde zu ziehen, bedarf einiger Vorbemerkungen. Wenn es darum geht, (schul-)pädagogische Konsequenzen aus empirischer Forschung zu ziehen, ist national wie international seit geraumer Zeit häufig von „evidenzbasierter Pädagogik" (z. B. Bellmann und Müller 2011a) die Rede. Unter der Leitfrage „Wissen, was wirkt?" (Biesta 2011) soll empirisch gesichertes und verallgemeinerbares Wissen hervorgebracht werden (Bellmann und Müller 2011a, S. 9), das nicht nur einen bestimmten wissenschaftlichen Zugang – nämlich den der quantitativ-analytischen Bildungsforschung – favorisiert, sondern das auch in Bildungspraxis (vor allem Unterricht) und Bildungspolitik mehr oder weniger umstandslos umgesetzt werden kann.

Dieses Verständnis hat zu Recht – und vor allem mit Blick auf die bildungspolitische Steuerung – verschiedentlich Kritik erfahren (Bellmann und Müller 2011b). Auch wenn ich diese Kritik nur grundsätzlich, aber nicht in allen Details teile, stellen die folgenden schulpädagogischen Schlussfolgerungen keine evidenzbasierten, sondern *empirisch gestützte Empfehlungen* dar. Ohne auf weitreichende wissenschaftstheoretische und forschungslogische Argumente (s. hierzu etwa Seel und Hanke 2015, S. 71 ff. und 765 ff.) einzugehen, ist damit eine Position umrissen, die sich der Begrenzungen von empirisch-analytischer Forschung und ihrer Praxisrelevanz bewusst ist. Gute empirische Forschung kann zwar mehr oder weniger gut gesichertes Wissen hervorbringen, das hilft, interessierende Phänomene zu beschreiben, zu verstehen und zu erklären.

Die (schul-)pädagogische *Bedeutung* und (schul-)praktische *Relevanz* empirischen Wissens richten sich aber in der Regel auf die Frage, welche (schul-)pädagogischen *Maßnahmen* hilfreich sind, erwünschte Ziele zu erreichen. Schon die Formulierung „erwünschte Ziele" macht darauf aufmerksam, dass in diesem Zusammenhang *Werte und Normen* eine zentrale Rolle spielen. Werte und Normen liegen aber grundsätzlich außerhalb dessen, was empirische Forschung adressiert, außer sie will Verbreitung, Zusammenhänge mit anderen interessierenden Fragen oder Ähnliches erforschen. Oder anders formuliert: *Normen und Werte können zwar Gegenstand empirischer Forschung sein, sie können aber nicht empirisch begründet werden.*

Normen und Werte bedürfen vielmehr einer (gesellschaftlichen) *Erörterung* und *plausibler Argumentation* und werden, wenn es gut läuft – in (schul-)pädagogischen Konzepten oder bildungs- und schulpolitisch (z. B. in Lehr- oder Bildungsplänen) nachvollziehbar niedergelegt. Im Rahmen einer plausiblen Argumentation, aber auch nur dort, kann und sollte (Vorsicht: normative Position!) empirisches Wissen eine wichtige Rolle spielen. (Schul-)pädagogische Empfehlungen basieren immer auf bestimmten Werten und Normen, sodass der Weg vom empirischen Wissen zu ihnen ziemlich weit ist. Empirisch gestützte Empfehlungen sind also normativ, können und sollten aber auf einem empirisch gesicherten Fundament ruhen und auf dem Wege einer plausiblen Argumentation mit den normativen Zielen verknüpft werden.

Dieser Weg wird in den anschließenden Überlegungen verfolgt. In Abschn. 4.1 ist die Distanz von empirischen Befunden der Selbstkonzept- und Unterrichtsforschung zu schulpädagogischen Empfehlungen am größten. Denn dass im Sportunterricht das Selbstkonzept eine Rolle spielen sollte, ist eine *normative Entscheidung, die nicht automatisch aus empirischen Befunden hervorgeht*, sondern die man lediglich mit dem Verweis auf die Empirie argumentativ nachvollziehbar begründen kann. Die normative Position, im Sportunterricht auf eine Berücksichtigung des Selbstkonzepts zu verzichten, ist zunächst genauso legitim, bedarf aber einer plausiblen, wenn möglich auch empirischen Argumentation – z. B. mit der Begründung, es gäbe vor dem Hintergrund seiner begrenzten zeitlichen Umfänge und des Problems von Bewegungsmangel und gesundheitlich gefährlichen Übergewichts sowie der Motivation zum lebenslangen Sporttreiben, Wichtigeres zu tun, nämlich möglichst viel Bewegungszeit zu bieten.[1]

In Abschn. 4.2 ist der Schritt von empirischen Befunden zu schulpädagogischen Empfehlungen deutlich kleiner, weil – wenn man sich für eine sportunterrichtliche Berücksichtigung des Selbstkonzepts normativ entschieden hat – das zu *empfehlende Ausmaß von Selbstkonzeptausprägungen* mit Blick auf weitere schulpädagogisch wünschenswerte Konsequenzen empirisch sehr gut begründet werden kann.

In Abschn. 4.3 schließlich, das konkretere *Empfehlungen für die Praxis* eines selbstkonzeptförderlichen Sportunterrichts gibt, ist die Schrittweite von empirischen Befunden zu ihnen wiederum etwas größer. Denn erstens sind die aus Interventionsstudien gewonnenen Prinzipien empirisch nicht separat im Hinblick auf ihre Wirkung geprüft worden, sondern stellen lediglich abgeleitete Empfehlungen dar. Die Prinzipien sind daher mit Inhaltsentscheidungen der didaktischen Maßnahmen verknüpft, also in der Sprache der empirisch-analytischen Forschung „konfundiert". Und zweitens ist die Kluft zwischen empirischen Befunden und pädagogischen Empfehlungen recht groß, weil die schulpädagogischen Prinzipien nur im Vergleich mit der Kontrollbedingung eines herkömmlichen Sportunterrichts, nicht aber gegenüber anderen didaktischen Prinzipien geprüft wurden.

4.1 Welche Rolle sollte das Selbstkonzept für den Sportunterricht spielen?

Um die Rolle oder Bedeutung des Selbstkonzepts für den Sportunterricht auf der Basis von empirischer Evidenz zu klären, sind zunächst *zwei verschiedene Ebenen* oder Perspektiven zu unterscheiden: Erstens legen die skizzierten Erwartungen (Abschn. 3.1) nahe, das Selbstkonzept im Sinne eines Ziels des Sportunterrichts zu betrachten, und zweitens verweisen vor allem die Selbstkonzept- und Unterrichtsforschung auf seine motivationale Rolle für Lernprozesse.

---

[1] Diese Begründung bedürfte zunächst aber auch eines nachvollziehbaren theoretischen Konzepts, wie ein ausschließlich auf Bewegungs- und Sportaktivität fokussierter Sportunterricht zu einer Motivation zu einem bewegungs- und sportaktiven Lebensstil führt. Und es wäre empirisch zu stützen, inwieweit solche Unterrichtsaktivitäten durchgreifend einem Bewegungsmangel und vor allem Gewichtsproblemen entgegenwirken sowie ohne explizite Berücksichtigung von kognitiven, motivationalen und volitionalen Aspekten kurz-, mittel- und langfristig der motivationale Zielhorizont erreicht werden kann.

4.1.1 Das Selbstkonzept als Zieldimension des Sportunterrichts

Nach längeren fachdidaktischen Kontroversen vor allem in den 1990er-Jahren (Scherler 1997) besteht mittlerweile Konsens, den Zielhorizont des Sportunterrichts mit dem sogenannten *Doppelauftrag* (z. B. Geßmann 2016; Kurz 2009; KMK und DOSB 2017) abzustecken. Wenn auch mit unterschiedlichen Gewichtungen in den verschiedenen fachdidaktischen Konzepten (Balz 2009) geht es im Sinne einer *Erziehung zum* Sport einerseits darum, den Heranwachsenden die Bewegungs-, Spiel- und Sportkultur zu erschließen bzw. eine Motivation zur lebenslangen Bewegungs- und Sportaktivität anzubahnen, andererseits soll der Sportunterricht im Sinne einer *Erziehung durch* Sport einen substanziellen Beitrag zur Entwicklungsförderung der Schülerinnen und Schüler leisten.

Der Entwicklung des Selbstkonzepts kommen dementsprechend verschiedene Bedeutungen zu. Unter den Prämissen einer Erziehung *zum* Sport stellt ein günstiges Selbstkonzept vor allem ein *wichtiges Ziel* und *wünschenswertes Ergebnis* des Sportunterrichts dar, weil das Selbstkonzept als wesentliches Moment der psychosozialen Gesundheit sowie einer gelingenden (Persönlichkeits-)Entwicklung über die Schulzeit hinaus gilt.

Da die optimistischen Erwartungen, ein positives Selbstkonzept stelle sich mehr oder weniger unmittelbar und automatisch im Zuge der unterrichtlichen Bewegungs- und Sportaktivitäten ein, empirisch nicht gestützt werden können (Abschn. 3.3), ist auf der Ebene der Programmatik des Sportunterrichts zu einer *weitaus größeren Vorsicht* zu raten. Sowohl Lehr- oder Bildungspläne als auch fachdidaktische Konzepte sollten zur Kenntnis nehmen, dass eine günstige Entwicklung des Selbstkonzepts *nur dann erreicht* werden kann, wenn der Sportunterricht diese *gezielt adressiert*.

Daher ist z. B. den *konservativen Konzepten* des Sportunterrichts (Balz 2009), wie etwa dem traditionellen „Sportartenprogramm", aber auch der „neuen körperlichen Grundbildung" (Hummel und Krüger 2020) mit ihrer betonten Fokussierung auf motorische Ziele, Inhalte und daran ausgerichtete Methoden, der empirische Boden entzogen. Vor dem Hintergrund der nationalen wie internationalen Befundlage (Abschn. 3.3) ist es eine *Illusion* anzunehmen, dass ein Sportunterricht, der nur auf motorische Fähigkeiten und Fertigkeiten und damit verbundene kognitive Lernprozesse (also z. B. taktisches Wissen und Können) abzielt, *pädagogisch wünschenswerte Entwicklungen der Selbstkonzepte* der Schülerinnen und Schüler auslöse.

Die Befunde von Interventionsstudien (Abschn. 3.4) legen allerdings nahe, dass der Sportunterricht ein besonders geeignetes Setting für die *Förderung des Selbstkonzepts* darstellt. Sie machen aber auch ausdrücklich darauf aufmerksam, dass durchgreifende Erfolge nur dann zu erwarten sind, wenn erstens die *unterrichtlichen Inszenierungen* selbstkonzeptdienlich konzipiert und gestaltet und zweitens

4.1 Welche Rolle sollte das Selbstkonzept für den Sportunterricht spielen?

wiederholt in den Mittelpunkt des Sportunterrichts gestellt werden. Auch wenn differenzierte Befunde im Hinblick auf günstige Intervalle bisher nicht vorliegen, scheint es notwendig, zumindest eine oder besser zwei mehrwöchige Unterrichtsreihen pro Klassenstufe vorzusehen, die das Selbstkonzept der Schüler und Schülerinnen thematisieren. Dabei spricht aus empirischer Perspektive nichts dagegen, bereits den Sportunterricht in der Grundschule dementsprechend auszurichten.

Die *Erziehung durch* Sport wird zuweilen allein mit einem überfachlichen, aber nicht fachimmanenten Bildungsauftrag verknüpft (z. B. Kuhlmann und Scherler 2004). Geht man allerdings von einem mehrdimensionalen und hierarchisch strukturierten Selbstkonzept aus (Band 1, Abschn. 2.2.1), ist diese Auslegung infrage zu stellen. Denn unter *einer fachübergreifenden Perspektive* kommen vor allem das *Selbstkonzept der sozialen Peerbeziehungen* und das *generelle Selbstkonzept* (bzw. Selbstwertgefühl) in Betracht, die durch Sportaktivitäten im Allgemeinen (Abschn. 3.1) und den Sportunterricht im Besonderen beeinflusst werden können. Da die empirische Befundlage aber deutlich darauf hinweist, dass die Wirkungen des Sportengagements auf das Selbstwertgefühl wesentlich über das körperlich-sportliche Fähigkeitsselbstkonzept vermittelt werden (Abschn. 3.3), sind *fachübergreifende Effekte nicht ohne fachimmanente Aspekte* denkbar. In diesem Sinne kann dann von einer Erziehung *im und durch* Sport gesprochen werden (Gerlach und Brettschneider 2008).

Aus dieser erweiterten Perspektive kann vor dem Hintergrund der Befunde von Interventionsstudien (Abschn. 3.4) gefolgert werden, dass der Sportunterricht zunächst das *körperlich-sportliche Fähigkeitsselbstbild* favorisiert adressieren sollte. Weil Interventionen umso erfolgreicher sind, je genauer sie auf spezifische Selbstkonzeptfacetten zielen, sollte der Unterricht zudem möglichst genau auf die Entwicklung günstiger Selbstkonzepte der sozialen Peerbeziehungen gerichtet sein, um mittelbar Veränderungen im generellen Selbstkonzept zu unterstützen. Weil das *soziale Selbstkonzept* im Hinblick auf Peers einerseits recht eng mit den Selbstkonzept des Aussehens assoziiert ist (Band 1, Abschn. 2.1) und letzteres andererseits mit dem generellen Selbstbild korreliert (Band 1, Abschn. 3.1), dürfte ein Sportunterricht, der überdies das *Selbstkonzept des Aussehens* adressiert, die Erfolgsaussichten im Hinblick auf das Selbstwertgefühl erhöhen.

In Zeiten einer gewachsenen Bedeutung, aber auch *Problematisierung des eigenen Körpers* – vor allem vor dem Hintergrund der mittlerweile auch im Zusammenhang mit Sport weitverbreiteten digitalen Mediennutzung unter Heranwachsenden (Klier et al. 2022) – deutet sich damit ein Themenfeld an, das bisher in der Fachdidaktik des Sportunterrichts noch kaum diskutiert wird. Eine unterrichtliche Berücksichtigung des Selbstkonzepts des Aussehens ist dabei nicht nur für die Entwicklung der Schülerinnen relevant, sondern auch für Schüler, die offenbar ebenfalls bevorzugt zu (pädagogisch nicht unproblematischen) sozialen Vergleichen (Band 1, Abschn. 4.3.1) neigen (Raufelder et al. 2014).

Die Vielzahl der zuvor skizzierten Aspekte macht schließlich deutlich, dass eine empirisch grundierte Berücksichtigung des Selbstkonzepts im Rahmen einer Erziehung durch und im Sport gerade *nicht* Gefahr läuft, dass der „Sportunterricht als Fachunterricht mit systematischen, fachgebundenen Lernprozessen nur noch wenig zu tun" (Hummel und Borchert 2014, S. 344) hat. Im Gegenteil: Vielmehr beruht die empirisch gestützte Berücksichtigung des Selbstkonzepts im Sportunterricht gerade auf einer fachspezifischen Perspektive, die ihren Ausgang vom körperlich-sportlichen Fähigkeitsselbstkonzept nimmt und in der Verknüpfung mit weiteren Selbstkonzeptfacetten auch einen *substanziellen Beitrag zu einer Allgemeinbildung* der Schülerinnen und Schüler zu leisten vermag.

Dies wird besonders deutlich, wenn man die *pädagogischen Perspektiven* des Sportunterrichts bedenkt, wie sie in den Lehr- und Bildungsplänen der Bundesländer, wenn auch in unterschiedlichen Formulierungen, an prominenter Stelle zu finden sind. Die pädagogischen Perspektiven gehen im Wesentlichen auf die sechs sogenannten *Sinnperspektiven des Sports* zurück (z. B. Kurz 2004), die motivationspsychologische Überlegungen aus den 1960er-Jahren mit vielfältigen, aber auch typischen Aufforderungen des Sports verknüpfen und daher aus einer ausgesprochen fachspezifischen Argumentation hervorgehen.

Demnach suchen Menschen im Sport, je nach persönlicher Präferenz, besondere *Eindrücke* (z. B. in der Natur), Möglichkeiten des *Ausdrucks* (etwa im Tanz), genießen das Miteinander oder die besondere *Spannung* bzw. das Risiko, wollen ihre *Gesundheit* erhalten oder fördern oder ihre *Leistungen* verbessern. Dementsprechend geht es im Sportunterricht darum den Schülern und Schülerinnen Lerngelegenheiten anzubieten, (1) ihre Wahrnehmungsfähigkeit zu verbessern und Bewegungserfahrungen zu erweitern, (2) sich körperlich auszudrücken und Bewegungen zu gestalten, (3) gemeinsam zu handeln, wettzukämpfen und sich zu verständigen, (4) etwas zu wagen und zu verantworten, (5) die Fitness zu verbessern und Gesundheitsbewusstsein zu entwickeln sowie (6) das Leisten zu erfahren und zu reflektieren (exemplarisch: MKJS BW 2016, S. 8).

Bewegungs- und Sportaktivitäten sind nahezu immer mit Erfahrungen des Könnens bzw. des Nichtkönnens verknüpft, und auch der Sportunterricht konfrontiert die Schülerinnen und Schüler mehr oder weniger permanent mit leistungsthematischen Situationen (Abschn. 3.1). Daher steht die Perspektive, *das Leisten zu erfahren und zu reflektieren*, in unmittelbarem Zusammenhang mit dem Selbstkonzept der körperlich-sportlichen Fähigkeiten. Insbesondere die Reflexion der eigenen motorischen Leistungen, die über ihr Erbringen hinaus eben das Verstehen, Einschätzen und Beurteilen betont, ist ohne Berücksichtigung des Fähigkeitsselbstbildes kaum denkbar. Daher erweisen sich die unterrichtliche Thematisierung und Entwicklung eines pädagogisch wünschenswerten Fähigkeitskonzepts (Abschn. 4.2) als wichtiges Ziel des Sportunterrichts.

4.1 Welche Rolle sollte das Selbstkonzept für den Sportunterricht spielen?

Im Hinblick auf die *Gesundheits- und Fitnessperspektive* scheint das Selbstkonzept zunächst weniger relevant. Aber wenn Gesundheit in einem weiten Sinne, also über die Abwesenheit von Krankheit hinaus, verstanden wird, kommt vor allem das generelle Selbstkonzept in den Blick. Denn wegen seiner hohen Bedeutung für das *psychosoziale Wohlbefinden* ist es gut nachvollziehbar, dass der Sportunterricht nicht aus den Augen verlieren sollte, einen Beitrag zu einem wünschenswerten Selbstwertgefühl zu leisten. Dieses ambitionierte Ziel erfordert wegen der Verflechtung mit anderen Selbstkonzeptfacetten auch eine Adressierung der Selbstbilder der sozialen Beziehungen zu Peers sowie des Aussehens. Letzteres spielt auch im Hinblick auf die Verbesserung der Fitness eine besondere Rolle, da diese pädagogische Perspektive, die zunächst auf eine funktionale Optimierung motorischer Fähigkeiten gerichtet ist (Neuber 2021, S. 147 f.), sich kaum von ihrer Bedeutung für Körper- und Schönheitsideale trennen lässt. Insbesondere im Rahmen digitaler Mediennutzung sind Heranwachsende heutzutage gesundheitlich wie pädagogisch fragwürdigen Körperbildern (z. B. Klier et al. 2022) und Idealen der Körperoptimierung, strenger Diäten sowie rigider Trainingspraxen (Neuber 2021, S. 37 f.) ausgesetzt. Daher spricht viel dafür, in einem zeitgemäßen Sportunterricht auch ein pädagogisch wünschenswertes Selbstkonzept des Aussehens zu adressieren.

Unter der pädagogischen Perspektive, etwas *zu wagen und zu verantworten*, besitzt vor allem das körperlich-sportliche Fähigkeitsselbstkonzept hohe Relevanz, denn schon die Beurteilung einer Herausforderung als Wagnis setzt voraus, die eigenen Fähigkeiten und Fertigkeiten gut einschätzen zu können. Das eigene Fähigkeitsselbstbild markiert so einerseits den unteren Grenzbereich, an dem das Wagnis beginnt, und andererseits die obere Schwelle, ab der Mut und Überwindung von Angst zum unkalkulierbaren und unverantwortlichen Risiko werden. Die Auseinandersetzung und Bewältigung von Wagnissituationen, die mit besonderer Unsicherheit behaftet sind, zielen darüber hinaus weniger auf motorische Verbesserungen als vielmehr zentral auf die *Persönlichkeitsentwicklung* (Neuber 2021, S. 76 f.). Deshalb stehen Veränderungen vor allem im körperlich-sportlichen Fähigkeitsselbstkonzept, aber auch im generellen Selbstwertgefühl im Zentrum dieser pädagogischen Perspektive. Da wagnisorientierter Sportunterricht aber häufig auch die Sozialbeziehungen in einer Schulklasse oder Lerngruppe mehr oder weniger direkt adressiert, darf auch das Selbstbild der sozialen Beziehungen zu Peers als wichtiges Moment gelten.

Es liegt auf der Hand, dieser Selbstkonzeptfacette auch hinsichtlich der pädagogischen Perspektive, *gemeinsam zu handeln, wettzukämpfen und sich zu verständigen*, hohe Relevanz zuzuschreiben, denn ein besonderes pädagogisches Potenzial der Domäne des Sports liegt auch darin, dass sich Peerbeziehungen und Persönlichkeitsentwicklung akzentuiert im polaren Spektrum von Kooperation und Konkurrenz entwickeln (Abschn. 3.1). Daher stellt das Selbstkonzept der sozialen Beziehungen zu

Gleichaltrigen der Schulklasse bzw. Lerngruppe einen relevanten Zielhorizont des Sportunterrichts dar, der auch für das Selbstbild über die Schule hinaus wirksam werden könnte. In diesem Sinne kann der Sportunterricht so einen Beitrag zu sozialem Lernen und dem Erwerb sozialer Kompetenzen leisten (Neuber 2021, S. 113 ff.). Gerade im Hinblick auf Erfahrungen in unterrichtlichen Wettkämpfen, die ja vor allem soziale Vergleiche (Band 1, Abschn. 4.3.1) provozieren, darf das körperlich-sportliche Fähigkeitsselbstkonzept schulpädagogisch nicht vergessen werden, denn für dessen wünschenswerte Entwicklung bergen soziale Vergleiche die Gefahr, zu ungünstigen Verzerrungen der eigenen Selbsteinschätzungen (Abschn. 4.2) beizutragen, die unterrichtliche Inszenierungen in Richtung individueller Bezugsnormen (Abschn. 4.3.1) konterkarieren.

Von besonderer Bedeutung für die pädagogische Perspektive, *sich körperlich auszudrücken und Bewegungen zu gestalten*, ist das Selbstkonzept des Aussehens. Denn sich körperlich auszudrücken, ist „oft sehr persönlich, weshalb viele [auch junge; Ergänzung von R.H.] Menschen Hemmungen haben, sich vor anderen zu zeigen" (Neuber 2021, S. 52). Daher wird ein Sportunterricht, der dieser pädagogischen Perspektive bzw. dem Ziel einer Kreativitätserziehung Rechnung trägt, auf die Ausbildung dieser Selbstbildfacette Wert legen müssen. Wer sich ein ungünstiges Selbstbild in diesem Bereich attestiert, wird die Unterrichtsangebote nur unter mehr oder weniger großen Schwierigkeiten nutzen können, weil er zunächst eher mit der Präsentation des eigenen Körpers beschäftigt ist. In diesem Kontext dürfte auch das Selbstbild der sozialen Beziehungen zu Peers relevant sein, weil die Schüler und Schülerinnen im Sportunterricht nahezu immer zugleich Akteure und Zuschauer sind.

Eng verbunden damit ist auch die Bedeutung des Selbstbilds des eigenen Aussehens im Rahmen der pädagogischen Perspektive, die *Wahrnehmungsfähigkeit zu verbessern und Bewegungserfahrungen zu erweitern*. Weil „sportliche Aktivitäten […] immer mit Erfahrungen ‚am eigenen Leibe' verbunden" (Neuber 2021, S. 31) sind, bilden die Wahrnehmung des eigenen Körpers und die Beschäftigung mit der eigenen Körperlichkeit wichtige Themen des Sportunterrichts. Insbesondere im wettkampforientierten Sport dominiert allerdings ein einseitiges, funktionales Körperverständnis, indem der Körper als Werkzeug zur Verbesserung sportlicher Leistungen erscheint. Dem Sportunterricht kommt daher die Aufgabe zu, den Schülern und Schülerinnen auch ein Körperverständnis zu erschließen, das die körperlichen Wahrnehmungs- und Ausdrucksmöglichkeiten betont. Auch in diesem Zusammenhang stellt das Selbstkonzept des Aussehens eine wichtige Zieldimension dar. Zudem werden nur die Schülerinnen und Schüler ihre Wahrnehmungsfähigkeiten erweitern können, die über ein hinreichendes körperlich-sportliches Fähigkeitsselbstkonzept verfügen, weil die Konzentration auf zunächst ungewohnte Wahrnehmungen die gewohnte Bewegungssteuerung ungünstig beeinflusst. Und schließlich deutet sich im

Zusammenhang mit dem Selbstbild der sozialen Beziehungen zu Peers an, dass die Sorge, sich gegenüber den Mitschülern und -schülerinnen ungeschickt zu präsentieren, entsprechende Lernerfahrungen und -prozesse behindert.

4.1.2 Das Selbstkonzept als motivationale Komponente des Sportunterrichts

Die vorhergehenden Überlegungen haben teilweise schon darauf aufmerksam gemacht, dass das Selbstkonzept seine Bedeutung für den Sportunterricht nicht allein als eigenständiges Ziel gewinnt, sondern auch weil verschiedene Facetten hohe Relevanz im Sinne einer Motivationskomponente besitzen. Die motivationale Nützlichkeit wünschenswerter Selbstkonzepte erstreckt sich vor dem Hintergrund des *Angebots-Nutzungs-Modells* von Unterricht (z. B. Vieluf et al. 2020; siehe Exkurs „Angebots-Nutzungs-Modell") auf verschiedene Felder. Zunächst kann das Selbstkonzept auf der Nutzungsseite verortet werden, wo es primär zu den individuellen Lernvoraussetzungen der Schüler und Schülerinnen zu zählen ist. In diesem Sinne ist es als eine dispositionale Bedingung zu verstehen, also ein individuell bereits ausgeprägtes (Persönlichkeits-)Merkmal, das aber auch (durch Unterricht) verändert werden kann.

Exkurs: Angebots-Nutzungs-Modell
Das Angebots-Nutzungs-Modell, das insbesondere in der deutschsprachigen Diskussion breiten Konsens gefunden hat, geht ursprünglich auf Fend (1981) zurück und betont, dass Wirkungen des Unterrichts nicht allein auf die (vor allem von der Lehrkraft verantworteten) Lerngelegenheiten zurückgehen, sondern auch von deren (aktiver) Nutzung durch die Schüler und Schülerinnen abhängen. Mit anderen Worten wird Unterricht, wie auch in der didaktischen Diskussion (z. B. Meyer 2020), als *Ko-Konstruktion* durch Lehrende und Lernende verstanden. „Neben dem Zusammenspiel von Angebot und Nutzung berücksichtigt das Modell auch Einflüsse von Merkmalen der individuellen Akteure (Lehrende und Lernende) sowie der Bildungskontexte (des Bildungssystems, der Einzelschule und der Schulklasse)" (Vieluf et al. 2020, S. 63 f.).

Letzteres macht darauf aufmerksam, dass das Selbstkonzept gleichzeitig eine wichtige Rolle in den Lernprozessen spielt, indem es eine bedeutsame motivationale Komponente für erfolgreiches Lernen darstellt und auch das emotionale Erleben beeinflusst. So zählt Hattie in seiner aktuellen Metaanalyse ein positives Selbstkonzept mit einer Effektstärke von d = 0,51 (2023, S. 94) zu den besonders lernwirksamen

Faktoren.[2] Und weil das Selbstkonzept bzw. einige Facetten motivational hoch relevant sind, gelten sie auch als Ziele des Unterrichts (z. B. Lipowsky 2020). In diesem Sinne ist also die hier gewählte Unterscheidung von Zieldimension und motivationaler Komponente eine analytische, also theoretisch-konzeptuell begründet, um die Bedeutung des Selbstkonzepts klarer und präziser zu beschreiben und zu erklären. Erfolgreiche Lernprozesse ergeben sich im Schulleben aber aus den wechselseitigen Einflüssen der jeweiligen Perspektiven im Angebots-Nutzungs-Modell.

Was bedeutet das für die motivationale Rolle des Selbstkonzepts im Sportunterricht? Grundsätzlich kommen die Schüler und Schülerinnen mit bestimmten Ausprägungen ihres Selbstkonzepts bzw. seiner Facetten in den Sportunterricht, die aus ihren *Erfahrungen in außerschulischen Lebenswelten* (z. B. der Familie, der Peers, des Kindergartens, aber auch des Sportvereins) hervorgegangen sind. Zugleich stellt das Selbstkonzept aber eine bedeutsame motivationale Komponente in den sportunterrichtlichen Lernprozessen dar, die es in der Gestaltung des Unterrichts zu bedenken gilt. Unter der Prämisse einer *Erziehung zum* Sport (im Sinne einer Motivation zu einem bewegungs- und sportaktiven Lebensstil) zeigen die empirischen Befunde im Kontext der Selektionshypothese bzw. reziproker Zusammenhangsmuster (Abschn. 3.3), dass vor allem ein günstiges *körperlich-sportliches Fähigkeitsselbstkonzept* die Aufnahme und Beibehaltung eines Sportengagements unterstützt. Unter diesem Gesichtspunkt stellen die Entwicklung und unterrichtliche Förderung eines günstigen Selbstkonzepts also auch ein wünschenswertes Ziel einer Erziehung *zum* Sport dar.

Im Mittelpunkt der folgenden Argumentation sollen aber *die sportunterrichtlichen Lernprozesse* selbst stehen. Für die kognitiv akzentuierten Schulfächer ist breit und gut dokumentiert, dass günstige Selbsteinschätzungen der jeweiligen schulischen Fähigkeiten die korrespondierenden Schulleistungen zu einem späteren Zeitpunkt positiv beeinflussen (Möller und Trautwein 2020). Für den Sportunterricht liegen – abseits eines günstigen Einflusses des körperlich-sportlichen Fähigkeitsselbstbilds auf die erlebte Freude am Sportunterricht (Lohbeck 2018) – derartige empirische Befunde leider bislang nicht vor. Dies mag einerseits daran liegen, dass es bis heute noch keine standardisierten Verfahren gibt, die sportunterrichtliche Leistungen zuverlässig messen, und Fachnoten wenig Aussagekraft besitzen, weil z. B. deren Varianz sehr gering ausfällt (Gerlach et al. 2006). Andererseits bilden motorische Tests das Zielspektrum des Sportunterrichts sehr unzureichend ab, weil sie etwa die pädagogischen Perspektiven unberücksichtigt lassen und nur sehr schwache Korrelationen mit den erteilten Sportnoten erreichen (Chanal et al. 2009).

---

[2] In einer deutschsprachigen Rangliste von Hatties Effektstärken nimmt die Selbsteinschätzung des eigenen Leistungsniveaus mit d = 1,44 gar den ersten Platz unter 252 Einflussfaktoren ein (https://visible-learning.org/de/hattie-rangliste-einflussgroessen-effekte-lernerfolg/, abgerufen am 20.03.2023).

Daher können sich die nachfolgenden Überlegungen lediglich auf *argumentative Plausibilität* stützen, nicht aber auf unmittelbare empirische Evidenz. Grundsätzlich spricht wenig dagegen, die für kognitiv akzentuierte Fächer gefundenen Befundmuster auch auf den Sportunterricht zu übertragen. Allerdings darf nicht vergessen werden, dass außerschulische Kontexte, d. h. vor allem das informelle und das Sportengagement im Verein, auf die Entwicklung verschiedener Selbstkonzeptfacetten, insbesondere des körperlich-sportlichen Fähigkeitsselbstbilds, wie in kaum einem anderen Schulfach einwirken und sich daher etwas anders ausgeprägte motivationale Zusammenhänge einstellen könnten.

Zunächst kann plausibel davon ausgegangen werden, dass das *körperlich-sportliche Fähigkeitsselbstkonzept* motivationalen Einfluss vor allem auf die im Zentrum des Sportunterrichts stehenden motorischen Lernprozesse nimmt. Unter zwei Schülerinnen, die im Sportunterricht ursprünglich die gleichen Leistungen erzielen, wird also diejenige in Zukunft überdurchschnittlich häufig bessere Leistungen erbringen, die sich ein positiveres Fähigkeitsselbstkonzept attestiert hat.

Eine günstige motivationale Wirkung ist daher vor allem im Hinblick auf die pädagogische Perspektive anzunehmen, das *Leisten zu erfahren und zu reflektieren*. Ähnliches dürfte für die *gesundheits- und fitnessorientierte* Perspektive gelten, weil auch sie in einem zumindest mittelbaren Zusammenhang mit der motorischen Leistungsfähigkeit steht. Um ein *wagnisbetontes* Unterrichtsangebot erfolgreich nutzen zu können, bedarf es ebenfalls eines gewissen Zutrauens in die eigene Leistungsfähigkeit, das zudem auch Lernprozesse motivational unterstützt, die darauf ausgerichtet sind, gemeinsam zu handeln, wettzukämpfen und sich zu verständigen. Unter letzterer Perspektive kommt auch dem *Selbstkonzept der sozialen Beziehungen zu Peers* relevante motivationale Bedeutung zu.

Dies gilt auch unter der pädagogischen Perspektive, *sich körperlich auszudrücken und Bewegungen zu gestalten*, denn „vielen Kindern und Jugendlichen fällt es daher schwer, sich mit bzw. über ihren Körper im Sportunterricht auszudrücken – zu groß ist die Angst sich zu blamieren" (Neuber 2021, S. 59). Ein *günstiges soziales Selbstkonzept* kann daher als wichtige Bedingung und Motivation für einen erfolgreichen Sportunterricht gelten, indem sich Schülerinnen und Schüler in einem auch subjektiv guten Sozialklima gerne gegenüber den Mitschülern und -schülerinnen präsentieren oder z. B. in der Gruppe keine Scheu haben, eine gemeinsame Choreografie zu erarbeiten. Und weil *Wagnisaufgaben* das Risiko des Scheiterns bergen und es auch ein „Wagnis sein kann, zu seiner Angst zu stehen und sich einer Herausforderung *nicht* zu stellen" (Neuber 2021, S. 74), spielt das soziale Selbstkonzept ebenfalls eine Rolle. In diesem Sinne ist ein günstiges soziales Selbstkonzept eine wichtige motivationale Bedingung für einen gelingenden wagnisorientierten Sportunterricht. Und schließlich dürfte auch das *Selbstkonzept des Aussehens* für Lernprozesse unter verschiedenen pädagogischen Perspektiven motivationale Bedeutung besitzen, weil die Schüler und Schülerinnen im Sportunterricht in sehr vielen Unterrichtssituationen sowohl Akteure als auch Zuschauer sind.

4.2 Welche Selbstkonzepteinschätzungen sind schulpädagogisch wünschenswert?

Die häufig vorgetragenen Erwartungen, ein Sportengagement führe zu günstigeren Einschätzungen des Fähigkeitsselbstkonzepts von Heranwachsenden und wirke sich mittelbar auch auf ein positives Selbstwertgefühl aus (Abschn. 3.1), vernachlässigen in der Regel eine wichtige pädagogische Frage. So haben Schmidt und Conzelmann (2011) darauf aufmerksam gemacht, dass mit dem bloßen Verweis auf eine positive Beeinflussung von Selbsteinschätzungen offenbleibt, was genau damit gemeint ist:

- Soll der Sportunterricht das Ziel verfolgen, allen Schülerinnen und Schülern – unabhängig von ihren unterrichtlichen Leistungen – zu einem möglichst hohen körperlich-sportlichen Fähigkeitsselbstbild zu verhelfen?
- Soll der Sportunterricht immer und bei allen Schülern und Schülerinnen eine Erhöhung des Fähigkeitsselbstkonzepts anstreben?
- Oder geht es nicht vielmehr darum, dass die Schülerinnen und Schüler ein Selbstbild entwickeln, das ihren sportunterrichtlichen Leistungen im Wesentlichen entspricht?

Diese Fragen zielen also darauf ab zu klären, welche Selbstkonzeptausprägungen schulpädagogisch wünschenswert sind, weil sie „funktional" (Schmidt und Conzelmann 2011, S. 191) sind. Es geht also nicht nur um die Höhe des Selbstkonzepts, sondern auch darum, wie *realistisch die Selbsteinschätzungen* (Band 1, Abschn. 4.4) der Schüler und Schülerinnen ausfallen. Erst die Verknüpfung beider Aspekte lässt hinreichend evidenzbasierte schulpädagogische Schlussfolgerungen zu, die freilich sowohl empirischer Befunde als auch normativer Argumente bedürfen.

Grundsätzlich lassen sich hierzu *drei verschiedene Positionen* ausmachen (Schmidt und Conzelmann 2011):

1. Es wird davon ausgegangen, dass eine *Überschätzung* der eigenen Fähigkeiten schulpädagogisch wünschenswert ist.
2. Es wird angenommen, möglichst *realistische* Selbsteinschätzungen führten zu pädagogisch erwünschten Ergebnissen.
3. Es ist grundsätzlich denkbar, dass sich eine *Unterschätzung* der eigenen Fähigkeiten günstig auf Unterrichtsergebnisse auswirken könne.

Für eine *Überschätzung der eigenen Fähigkeiten* sprechen Befunde im Zusammenhang mit der Selbstwirksamkeitstheorie (Bandura 1977), da die Illusion unrealistisch hoher Fähigkeitsselbstkonzepte „sowohl zu psychischer Gesundheit als auch zu erhöhter Motivation, größerer Leistungsbereitschaft, somit besserer Leistung und schließlich zu mehr Erfolg" (Schmidt und Conzelmann 2011, S. 191) führt. Unterstützt wird dies durch Forschungsergebnisse, nach denen optimistische Illusionen einen Schutz gegenüber Depressionen bzw. depressiven Verstimmungen böten.

Diese Position hat nach Schmidt und Conzelmann (2011) deutliche *Kritik erfahren*: Aus methodischer Sicht wurde eingewandt, dass die behaupteten Selbstüberschätzungen nicht valide waren, weil die tatsächlichen Fähigkeiten lediglich mithilfe von Selbstberichten erhoben wurden und weil die Befunde aus Laboruntersuchungen stammten, deren Ergebnisse nicht ohne Weiteres übertragbar seien, da auf diese Weise nur kurzfristige Zusammenhänge beobachtet werden können. Inhaltlich wurde entgegnet, dass Wirkungen überhöhter Selbsteinschätzungen nicht ohne Berücksichtigung sozialer Aspekte angenommen werden können. Denn es fänden sich zahlreiche empirische Befunde, nach denen Selbstüberschätzer von ihrer sozialen Umwelt eher als narzisstisch, wenig empathisch und eher gewaltbereit wahrgenommen werden und sie zwar kurzfristig günstige soziale Akzeptanz erfahren, aber längerfristig sehr sozialunverträglich beurteilt werden.

Zudem stützten Befunde der Attributionsforschung, die sich mit mentalen Ursachenerklärungen für eigene Handlungen und Leistungen beschäftigt, die Vorteile von *realistischen Selbsteinschätzungen*: „Während Personen mit realistischen Attributionen Zeit in Gebiete investieren, in denen sie Stärken aufweisen, vergeuden Personen mit unrealistischen Attributionen Zeit mit Aufgaben, die sie aufgrund mangelnder Fähigkeiten nicht oder kaum schaffen können" (Schmidt und Conzelmann 2011, S. 193). Eine *Unterschätzung der eigenen Fähigkeiten* wird auf Basis motivationspsychologischer Forschungen einhellig ungünstig beurteilt. Insbesondere sich unterschätzende Mädchen neigten demnach dazu, eine geringere Leistungsmotivation und höhere Leistungsangst zu zeigen sowie die Ursachen für eigene Leistungen eher außerhalb ihrer Person zu suchen. Da Unterschätzer dazu tendierten, bevorzugt Aufgaben mit einem niedrigen, nicht zu ihrem tatsächlichen Leistungsvermögen passenden Schwierigkeitsgrad zu wählen, wäre eine Unterschätzung dysfunktional für Lernprozesse.

Insgesamt gesehen spräche also vieles dafür, dass eine Unterschätzung der eigenen Fähigkeiten schulpädagogisch nicht wünschenswert ist. Allerdings bilanzieren Schmidt und Conzelmann (2011) auch, dass die empirische Befundlage im Hinblick auf realistische und überschätzende Selbstbilder uneinheitlich und zum Teil widersprüchlich ist. Dies führen sie neben methodischen Problemen im Zusammenhang mit der Erfassung der tatsächlichen Leistungen bzw. der Zielkonstrukte vor allem darauf zurück, dass sich die Wirkungen von verzerrten Selbstwahrnehmungen einerseits nicht unabhängig von verschiedenen Situationen und Kontexten wie dem zeitlichen Horizont beurteilen lassen und andererseits auch unterschiedliche (stabile) Persönlichkeitsmerkmale eine Rolle spielen.

So verdienstvoll die Überlegungen von Schmidt und Conzelmann (2011) auch einzuschätzen sind, darf es aber nicht übersehen werden, dass ihre Argumente überwiegend Befunde zu Wirkungen von verzerrten Selbsteinschätzungen thematisieren, die eher *unspezifische Konstrukte* (z. B. subjektives Wohlbefinden, psychische Gesundheit) und nur vereinzelt direkt schulpädagogisch relevante Gesichtspunkte fokussieren. In dieser Hinsicht tragen mittlerweile einige jüngere, internationale Studien zu einem etwas klareren Bild bei.

So hat Lee (2021) die wesentlichen Aspekte zusammengetragen, die für die *schulpädagogisch* wünschenswerten Selbsteinschätzungen von besonderem Belang sind:

- Um verzerrte Selbsteinschätzungen hinreichend beurteilen zu können, müssen Inkonsistenzen zwischen subjektivem Selbstbild und objektiv beobachtbaren Wirkungen (Kriterium) sich auf die *identische Domäne* beziehen. Werden breitere Selbsteinschätzungen mit spezifischeren Kriterien verknüpft (z. B. allgemeine schulische Fähigkeitsselbstkonzepte und mathematische Leistungen), enthalten die Selbsteinschätzungen auch Bezüge auf „wahre" Fähigkeiten, die nicht gemessen wurden (z. B. naturwissenschaftliches Wissen und Können), und erscheinen irrtümlich als Über- oder Unterschätzungen (vgl. auch Murphy et al. 2018).
- Zudem ist vor dem Hintergrund der Forschungslage (vgl. etwa Murphy et al. 2018) davon auszugehen, dass die Wirkungen von Einschätzungsverzerrungen in *verschiedenen Domänen* (z. B. Deutsch- und Sportunterricht oder Sozialbeziehungen) recht *unterschiedlich* ausfallen (können).
- Ferner sind *kurzfristige* und *langfristige* Folgen eines Selbsteinschätzungsbias sorgsam zu trennen, weil sich erstere über einen längeren Zeitraum verflüchtigen und aus kurzfristigem Nutzen langfristig schädliche Kosten werden können (vgl. auch Robins und Beer 2001).
- Auch finden sich Hinweise auf *unterschiedliche Wirkungsmuster* von verzerrten Selbsteinschätzungen in Schülergruppen, die sich in ihrem Leistungsniveau unterscheiden, indem (sehr) gute Schülerinnen und Schüler von ihren überoptimistischen Fähigkeitsselbstkonzepten profitieren, während dies unter ihren Mitschülern mit schlechten Noten nicht der Fall war (z. B. Usher und Pajares 2006).
- Und schließlich ist das Ausmaß insbesondere von Selbstüberschätzungen von Belang, weil nicht generell von einem linearen Zusammenhang ausgegangen werden kann. So hat etwa Baumeister (1989) die These vertreten, es gäbe einen „optimal margin of positive illusion", der auf eine u-förmige Assoziation von Ausmaß der Selbstüberschätzung und positiven Wirkungen zurückginge.

4.2 Welche Selbstkonzepteinschätzungen sind schulpädagogisch ...

Weil all diese problematischen Aspekte in der längsschnittlichen Studie von Lee (2021) bedacht wurden und sie sowohl die Kriterien der unterrichtlichen Leistungen als auch der motivationalen Konstrukte des Engagements und des Interesses in den Blick genommen hat, liefert sie sehr aussagekräftige Hinweise auf schulpädagogisch wünschenswerte Selbsteinschätzungen. Gleichwohl ist zu bedenken, dass dort ausschließlich die Domäne des Mathematikunterrichts bzw. der fachunterrichtlichen Leistungen, des Fachinteresses und -engagements über die Spanne vom 7. bis zum 9. Schuljahr untersucht wurde. Daher können die empirischen Ergebnisse lediglich mit einer gewissen Plausibilität Geltung für die Domäne des Sportunterrichts beanspruchen, müssen aber mit Blick auf die *Domänenspezifik* von Selbsteinschätzungsverzerrungen mit Vorsicht betrachtet werden.

Zudem ist vor dem Hintergrund *gesellschaftlich-kultureller Einflüsse* auf Selbsteinschätzungen (Band 1, Abschn. 3.3; Eklund et al. 2013; Kühnen und Hannover 2003) letztlich ungeklärt, inwieweit die an einer großen Stichprobe von südkoreanischen Sekundarschülerinnen und -schülern (N = 2807) gewonnenen Befunde für westliche Gesellschaften verallgemeinert werden können. Allerdings ist in diesem Zusammenhang anzunehmen, dass die Effekte von Überschätzungen in individualistisch orientierten Gesellschaften (insbesondere in den USA, aber auch in Deutschland) eher ausgeprägter ausfallen.

Zunächst zeigten die Befunde (Lee 2021) neben moderaten Assoziationen von Fähigkeitsselbstbildern und tatsächlichen Leistungen (querschnittlich: $r = 0{,}42$; längsschnittlich: $r = 0{,}34$) sehr hohe Korrelationen ($r = 0{,}91$) zwischen den Selbsteinschätzungs*verzerrungen* und den aktuellen mathematischen Leistungen zum ersten Messzeitpunkt sowie mittlere Zusammenhänge mit den Leistungen in der 9. Klasse ($r = 0{,}37$). Die Korrelationen des Selbsteinschätzungsbias mit dem *Fachinteresse* und dem fachunterrichtlichen *Engagement* fielen querschnittlich hoch ($r = 0{,}66$ und $r = 0{,}50$) und längsschnittlich moderat bzw. schwach aus ($r = 0{,}34$ und $r = 0{,}27$). Dabei zeigten Überschätzer quer- und längsschnittlich sowohl ein signifikant höheres Interesse als auch größeres unterrichtliches Engagement.

Interessanter sind die differenzierteren Ergebnisse, die einerseits auf der Basis von standardisierten Mathematiktests in der 7. Klasse drei Leistungsgruppen (hoch, mittel, niedrig), andererseits *fünf Typen* von Selbsteinschätzungsverzerrungen (extreme und moderate Unterschätzer, Realisten, extreme und moderate Überschätzer) unterschieden. Zunächst soll der Blick auf die querschnittlichen Befunde, also Zusammenhänge und Unterschiede in der 7. Klasse, gerichtet werden: *Gute und durchschnittliche* Schüler und Schülerinnen profitierten im Hinblick auf ihr *Interesse* von einer Überschätzung, während Realisten dieser Gruppen ein geringeres mathematisches Interesse und Unterschätzer nochmals niedrigere Werte zeigten. Dabei unterschieden sich extreme und moderate Überschätzer kaum, sodass sich ein Grenzbereich des Nutzens von Überschätzungen andeutet, indem ausgeprägtere Überschätzungen keinen Vorteil mit sich bringen.

Demgegenüber konnten diese Muster in der *Gruppe mit niedrigen Leistungen* nicht beobachtet werden. Bei linearen Zusammenhängen wiesen Unterschätzer das niedrigste *Interesse*, Realisten ein mittleres und Überschätzer das höchste Fachinteresse auf, ohne dass sich eine Marge der Überschätzung abzeichnet. Die Auswirkungen auf das *Engagement* im Mathematikunterricht fielen etwas anders aus. Je ausgeprägter die Verzerrung der Selbsteinschätzung war, desto niedriger bzw. höher zeigten sich die Engagementwerte. Allein unter den Probanden mit hohen Testleistungen waren extreme und hohe Überschätzungen signifikant mit sehr ähnlichen Engagementausprägungen verbunden, was wiederum auf einen *Grenzbereich* von positiven Illusionen verweist.

Aussagekräftig sind auch die *längsschnittlichen Befunde*, also inwiefern die Verzerrungen der Fähigkeitsselbstkonzepte in der 7. Klasse fachunterrichtliches Interesse, Engagement und Leistungen Ende der 9. Klasse vorhersagten. Insgesamt führte eine *Überschätzung* zwei Jahre später zu einem höheren *Interesse*. Dieser lineare Zusammenhang zeigte sich allerdings nur bei einem mittleren und hohen Leistungsniveau, während niedrige Testleistungen mit einem signifikanten quadratischen Effekt verbunden waren (Abb. 4.1). Unter durchschnittlichen und guten Schülerinnen und Schülern sagten *Überschätzungen* ein hohes Interesse und *Unterschätzungen* ein geringes Interesse voraus, wobei auch hier moderate Überschätzungen einen *Grenzbereich* markierten, über den hinaus keine Interessensteigerung zu beobachten war.

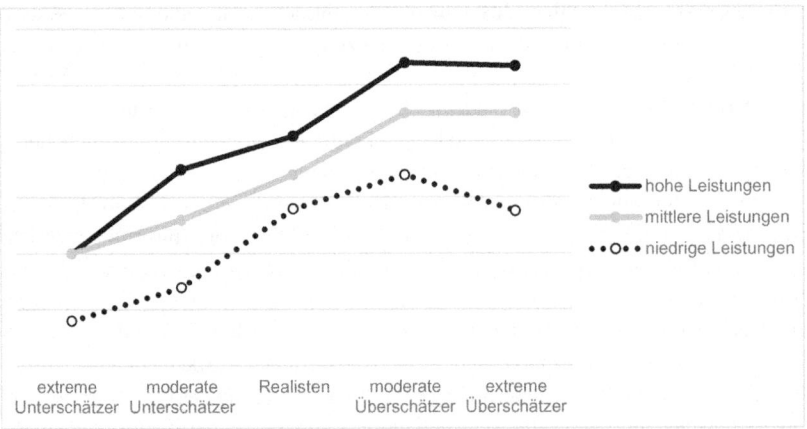

Abb. 4.1 Zusammenhänge zwischen Selbsteinschätzungsverzerrungen (t_1) und mathematischem Fachinteresse (t_2). (Schematisch nach Lee 2021, S. 462)

4.2 Welche Selbstkonzepteinschätzungen sind schulpädagogisch ...

Dagegen nahm in der *Gruppe mit niedrigen Testleistungen* das Interesse kontinuierlich von einer extremen Unterschätzung bis hin zu moderaten Überschätzungen zu, fiel aber bei den extremen Überschätzern signifikant wieder ab. Unter schlechten Schülerinnen und Schülern markierten also mäßig positive Illusionen einen *optimalen Wirkungsbereich* auf ihr Interesse, der sich mit steigenden Überschätzungen in sein Gegenteil verkehrte, sodass in etwa das Niveau von Realisten erreicht wurde.

Ähnliche Muster zeigten sich im Hinblick auf das fachunterrichtliche *Engagement*. Auch hier sagten die Unterschätzungen von *guten und durchschnittlichen* Schülern und Schülerinnen eher geringes Engagement voraus und Überschätzungen hohes Engagement, wobei moderat optimistische Illusionen wiederum einen Grenzbereich darstellten, über den hinaus keine Engagementverbesserung beobachtet werden konnte. Die Zusammenhänge mit Verzerrungen von Heranwachsenden *niedrigen Leistungsniveaus* zeigten ausschließlich einen signifikanten quadratischen Effekt. So führten leichte und markante Unterschätzungen gleichermaßen zu niedrigem Engagement, realistische wie moderat optimistische Selbstbewertungen zu höheren Werten, *extreme Überschätzungen* waren dagegen wiederum mit einem *geringerem Engagement* verknüpft.

Und schließlich vermochten die *Überschätzungen* der eigenen Leistungsfähigkeit der 7. Klasse die tatsächlichen Leistungen in der 9. Klasse in dem bekannten linearen Muster positiv vorherzusagen, wobei hier keine Unterschiede zwischen den drei Leistungsgruppen auftraten. Insgesamt gesehen wirkten sich extreme Überschätzungen der mathematischen Fähigkeiten unter guten und durchschnittlichen Schülern und Schülerinnen nicht günstiger auf unterrichtliche Motivationen aus als eine moderat positive Illusion, während sie für Heranwachsende mit schlechten Leistungen motivational schädlich waren. Eine Unterschätzung der eigenen mathematischen Fähigkeiten ist – unabhängig vom Leistungsniveau – sowohl für fachunterrichtliche Motivationen als auch spätere Leistungen mit negativen Wirkungen verknüpft.

Die Ergebnismuster bestätigen im Wesentlichen jüngere Befunde, die verzerrte Selbsteinschätzungen genereller (nicht fachspezifischer) Schulleistungen fokussiert haben. So führten positive Illusionen unter Schuljugendlichen zu einer *geringeren Schuldistanzierung* und zu *höheren schulischen* Leistungen drei Jahre später (Leduc und Bouffard 2017), und Selbsteinschätzungen unter Grundschulkindern waren positiv mit günstigeren Schulleistungen nach fünf Jahren verknüpft (Bonneville-Roussy et al. 2017).

Weitere wichtige Befunde liefert die bereits erwähnte Studie von Murphy et al. (2018), die längsschnittlich über zwei Jahre männliche Sekundarschüler (N = 894) einer australischen Privatschule untersuchte, weil auch *Verzerrungen der sportlichen Fähigkeitsselbsteinschätzungen* (auf der Basis von Selbstbeurteilungen und Tests verschiedener motorischer Fähigkeiten zum ersten Messzeitpunkt) berücksichtigt wurden. Die Wirkungen der Einschätzungsbias[3] wurden dabei auf verschiedene Aspekte *mentaler Gesundheit* (z. B. Selbstwertgefühl, per Schülerfragebogen), *kognitiv-schulische Leistungen* (über Lehrkrafteinschätzungen), das *Sportengagement* (über Selbstberichte der Beteiligung an Sport-AGs und des Umfangs der wöchentlichen Sportaktivität) und die *soziale Beliebtheit* (soziales Netzwerk enger Schulfreunde) geprüft.

Querschnittlich korrelierten die sportlichen Selbstüberschätzungen schwach positiv mit dem Selbstwert- und negativ mit dem Einsamkeitsgefühl sowie der Lebenszufriedenheit und waren auch moderat positiv mit der Teilnahme an außerunterrichtlichen Sportangeboten assoziiert. Demgegenüber zeigten sich leicht negative Zusammenhänge mit gegenseitigen Schulfreundschaften. *Längsschnittlich* hingen die Fähigkeitsüberschätzungen zum ersten Messzeitpunkt mäßig positiv mit einer erhöhten *wöchentlichen Sportaktivität* zwei Jahre später zusammen, konnten aber weder günstige Veränderungen der außerunterrichtlichen Sportaktivitäten noch der sportlichen Leistungsfähigkeit vorhersagen. Allerdings führte eine sportliche Selbstüberschätzung offenbar zu einer später erhöhten *sozialen Beliebtheit* im engeren Peerumfeld. Und schließlich konnten keinerlei negative Effekte von positiven sportlichen Fähigkeitsillusionen auf die untersuchten Outcomes beobachtet werden.

Die Ergebnisse dieser australischen Studie sind auch deshalb bedeutsam, weil sie in der Sportdomäne im Gegensatz zu generischen schulisch-intellektuellen Selbstüberschätzungen günstige Wirkungen auf die *soziale Beliebtheit* zeigte, aber kaum Unterschiede bei motivationalen Aspekten. Daher liefert sie keine Hinweise, die dagegen sprechen, die differenzierteren Befunde von Lee (2021) grundsätzlich auf den Sportunterricht zu übertragen.

Allerdings ist im Hinblick auf die soziale Beliebtheit einzuwenden, dass Murphy et al. (2018) lediglich das soziale Umfeld von engen Freunden und keine anderen sozialen Netzwerke betrachten. Da eine jüngere Studie (Heim et al. 2023) zeigen konnte, dass innerhalb von Schulklassen mehrere soziale Netzwerke zu finden sind, die von generischen (und nicht unbedingt sehr engen) Sympathiebeziehungen bis zu fachunterrichtlich spezifischen Netzwerken im Kontext unterschiedlicher Unterrichtssituationen reichen, greift die Konzeptualisierung von Murphy (2018) zu kurz. Denn einerseits weisen deren Befunde eher auf eine stärkere – und schulpädagogisch durchaus problematische – *Cliquenbildung* unter den männlichen Schuljugendlichen hin, und andererseits bleiben bedeutsame Aspekte der sozialen Einbindung in Schulklassen oder Lerngruppen gänzlich unbeachtet, die etwa im Hinblick auf kooperative Peerbeziehungen in Unterrichtsprozessen schulpädagogisch wünschenswert sind.

---

[3] Die Aussagekraft der Studie ist allerdings etwas eingeschränkt, weil die Verzerrungen der Selbsteinschätzungen lediglich über ein Item erhoben wurden, sodass ihre Reliabilität letztlich nicht geklärt ist.

4.2 Welche Selbstkonzepteinschätzungen sind schulpädagogisch ...

Welche *Empfehlungen* können nun vor dem Hintergrund der skizzierten Befunde gegeben werden? Grundsätzlich ist Schmidt und Conzelmann (2011) zu folgen, dass wünschenswerte Selbsteinschätzungen von den jeweiligen Schülerinnen und Schülern sowie den Unterrichtssituationen abhängen. Dies spricht zunächst generell für einen *individualisierten Sportunterricht* (z. B. Neuber und Pfitzner 2012; siehe auch Abschn. 4.3.3). Darüber hinaus sollte der Sportunterricht *Unterschätzer* unterstützen, realistische – oder besser: leicht positive übertönte – Selbsteinschätzungen ihrer sportunterrichtlichen Leistungsfähigkeit zu entwickeln, um bessere Leistungen und Motivationen, aber auch günstige affektive Bedingungen zu erreichen. Schülerinnen und Schüler mit ausgesprochen realistischen Fähigkeitsselbstkonzepten wird es mit Blick auf unterrichtliche Leistungen und förderliche Motivationen wie Affekte höchstwahrscheinlich helfen, leicht positive Illusionen aufzubauen. Während moderate Überschätzer bereits im pädagogischen Zielbereich liegen, sollte der Unterricht extreme positive Illusionen in diesen Bereich steuern, weil Leistungen und Motivationen längerfristig leiden.

Starke, aber vielleicht in wenigen Einzelfällen auch moderate *Überschätzung*en bergen ferner in bestimmten Kontexten des Schulsports *besondere Gefahren*: Immer dort, wo es um risikobehaftete Aufgabenstellungen oder Aktivitäten geht (z. B. im Gerätturnen, Schwimmen oder Wassersport), sind *realistische Fähigkeitsselbsteinschätzungen* zu favorisieren, denn (ausgeprägte) Überschätzer neigen zu risikoreicherem Verhalten, sind häufiger in Unfälle verwickelt und tragen erheblichere Verletzungen davon (Schmidt und Conzelmann 2011). Realistische bzw. mäßige Überschätzungen dürften darüber hinaus besonders günstig sein, wenn *selbstgesteuerte* oder *selbstregulierte Lernprozesse* im Sportunterricht im Mittelpunkt stehen (Schmidt und Conzelmann 2011), wenngleich hierfür bislang kaum direkte empirische Unterstützung zu finden ist. In derartigen Unterrichtskontexten, z. B. der Gruppenarbeit oder bei (kompetitiven) Spielen neigen Unterschätzer dazu, sich zurückzuhalten, zu leichte oder zu schwierige Aufgaben zu wählen, und können daher kaum förderliche Kompetenzerfahrungen sammeln.

Und schließlich verdichtet sich – trotz der bis heute noch etwas heterogenen Forschungslage – der Eindruck, dass *starke Überschätzungen* mit schulpädagogisch *eher ungünstigen Peerbeziehungen* verbunden sind, weil die soziale Akzeptanz und Eingebundenheit in Klasse oder Lerngruppe geringer ausfallen. Da Gruppenaktivitäten im Sportunterricht besonders häufig wie relevant sind und gleichzeitig körperlich-sportliche Leistungen besonders gut und unmittelbar beobachtet werden können, werden zu positive Illusionen rasch für alle Beteiligten offensichtlich. Der Sportunterricht sollte daher bei diesem Muster zu einer realistischen Selbsteinschätzung beitragen. Weil Unterschätzer ihre tatsächlichen Fähigkeiten zu selten zeigen und gerade sportliche Leistungen peerkulturell häufig mit sozialer Akzeptanz verknüpft sind (Heim et al. 2023), kann zudem empfohlen werden, dieser Schülergruppe Gelegenheiten zu geben, ein realistischeres oder gar leicht positives Fähigkeitsselbstkonzept herauszubilden (siehe auch Schmidt und Conzelmann 2011).

Inwieweit verzerrte Selbsteinschätzungen auch für die *Selbstkonzepte der sozialen Beziehungen zu Peers* sowie *des Aussehens* von Bedeutung sind, ist in der Selbstkonzeptforschung – und vor allem im Hinblick auf die Schulpädagogik – bisher kaum behandelt worden. Abgesehen vom Problem, die Veridikalität dieser Selbstkonzeptfacetten anhand eines validen Außenkriteriums zu bestimmen (Band 1, Abschn. 4.4), finden sich aber einige Hinweise in Studien aus anderen Forschungsgebieten. So fanden etwa Sand et al. (2011) Zusammenhänge zwischen dem Körperbild und dem Risiko für Essstörungen in der frühen Adoleszenz: Norwegische Jugendliche, die sich ein realistisches Bild des eigenen Körperumfangs attestierten, wiesen ein geringes Risiko auf, während ein hohes Risiko mit Einschätzungsverzerrungen einherging. Dabei war eine hohe Gefährdung unter den *Mädchen* mit einer *Überschätzung* des eigenen Körperumfangs verknüpft, während bei den *Jungen* eine *Unterschätzung* mit hohen Risiken assoziiert war.

Offenbar spielen also *geschlechtstypische Körperideale* eine wichtige Rolle, sodass sich aus diesem Befund Konsequenzen für Verzerrungen im Selbstbild des Aussehens ableiten lassen. Da diese Selbstkonzeptfacette vor allem die Zufriedenheit mit dem eigenen Körper adressiert, dürften realistische und leicht positiv verzerrte Selbstbilder vor der Entwicklung von Essstörungen schützen. Demgegenüber bergen Unterschätzungen die Gefahr entsprechender Gesundheits- und Entwicklungsrisiken, die überdies mit einer Neigung zu emotionaler Instabilität und geringem Selbstwertgefühl verknüpft sind und die Entwicklung von Depressionen und Sozialangst begünstigen (Sand et al. 2011).

Aus der Aggressionsforschung ist ferner bekannt, dass eine *Überschätzung der sozialen Akzeptanz* bei heranwachsenden Peers mit aggressivem Verhalten verknüpft ist und nicht selten zu sozialer Ablehnung, Schulabbruch, delinquentem Verhalten und antisozialem Verhalten im Erwachsenenalter führt (Lynch et al. 2016). Demgegenüber ist eine Unterschätzung häufig mit depressiven Symptomen verbunden (Stephens et al. 2015). Auf der Grundlage von soziometrischen Daten konnte eine längsschnittliche Studie an US-amerikanischen Grundschulkindern (N = 712; Lynch et al. 2016) zeigen, dass positive Überschätzungen der Peerbeziehungen zum ersten Messzeitpunkt direkt aggressives Verhalten nach sechs Monaten nicht beeinflussten, aber gesteigerte relationale Aggression (siehe Exkurs „Aggression") unabhängig vom Geschlecht sowie von sozialer Zurückweisung vorhersagen konnte. Da zudem sowohl direkte als auch relationale Aggression relativ stabil über den Untersuchungszeitraum war, ist es sinnvoll, im Sportunterricht auf ein realistisches oder lediglich minimal positiv verzerrtes *Selbstbild der Peerbeziehungen* abzuzielen.

Exkurs: Aggression
Unter Aggression versteht man jegliche „Form von Verhalten, das darauf abzielt, einer anderen Person zu schaden" (Krahé 2014, S. 318). *Direkte* oder offene Aggression meint ein Verhalten, das sich direkt auf eine Zielperson richtet und sie z. B. durch körperliche Gewalt oder Beschimpfungen schädigt. Unter indirekter oder *relationaler* Aggression wird ein Verhalten verstanden, das die sozialen Beziehungen der Zielperson, in der Regel hinter ihrem Rücken, also verdeckt, schädigt, wie etwa die Verbreitung von Gerüchten oder abfällige Bemerkungen bzw. Verunglimpfungen gegenüber Dritten (Krahe 2014, S. 318 f.). Aggressives Verhalten ist schulpädagogisch relevant, weil Mobbingerfahrungen in Verbindung u. a. mit niedriger Schulzufriedenheit, vermehrten Fehlzeiten, geringeren Schulleistungen und ungünstigem Klassenklima stehen (Wachs und Schubart 2021). International berichten knapp 13 % der 11- bis 15-jährigen Schuljugendlichen, Opfer von Mobbing oder Bullying geworden zu sein (Krahé 2014, S. 345). Für Deutschland (Schuljahr 2017/18) sind gut 8 % gemobbte und knapp 4 % mobbende Schuljugendliche sowie etwa 1 % dokumentiert, die sowohl Opfer als auch Täter waren (Wachs und Schubarth 2021).

4.3 Empfehlungen für einen selbstkonzeptförderlichen Sportunterricht

Wie der vorhergehende Abschnitt gezeigt hat, sollten realistische oder leicht positiv getönte Selbstkonzepte den Zielhorizont eines selbstkonzeptförderlichen oder im Hinblick auf motivationale Aspekte erfolgreichen Sportunterrichts abstecken. Schülerinnen und Schüler, die sich unterschätzen, sollten zu einem positiveren Selbstbild finden; diejenigen, die sich deutlich überschätzen, sollten weniger positive Selbsteinschätzungen entwickeln. Um diese Ziele zu erreichen, sind vor dem Hintergrund der relativen Stabilität der verschiedenen Selbstkonzeptfacetten (Band 1, Abschn. 2.2.2) einerseits mehrwöchige Unterrichtsphasen und andererseits mehrere Veränderungsimpulse über die Schullaufbahn hinweg notwendig. Denn vor dem Hintergrund der Befunde zu Veränderungsprozessen schulischer Selbstkonzepte (Jansen et al. 2020) ist insbesondere auch für das körperlich-sportliche Fähigkeitsselbstkonzept anzunehmen, dass sich Modifikationen eher langsam einstellen, weil neue (Lern-)Erfahrungen immer mit dem „alten" Fähigkeitsselbstbild abgeglichen werden (müssen). Zudem sammeln viele Kinder und Jugendliche sportliche Erfahrungen auch jenseits der Schule im informellen und Vereinssport, die die unterrichtliche Intentionen überlagern können. Ein besonders ambitioniertes Ziel stellen Veränderungen des generellen Selbstwertgefühls dar, weil sie nach Lage der Forschung (Abschn. 2.3) in der Regel über bereichsspezifische Selbstkonzepte vermittelt werden. In dieser Hinsicht bedarf es daher nicht nur eines gewissen pädagogischen Optimismus, sondern wohl auch wiederholter und systematischer Adressierung verschiedener bereichsspezifischer Selbstkonzepte.

Die Befundlage im Hinblick auf Empfehlungen, die sich direkt aus längsschnittlichen oder Interventionsstudien ergeben, ist bis heute national wie international spärlich. Letztlich gehen sie alle auf Interventionsstudien zurück, die von der Berner Arbeitsgruppe um den Sportpsychologen Achim Conzelmann durchgeführt wurden (Conzelmann et al. 2011; Magnaguagno et al. 2016; Oswald et al. 2013a, b; Schmidt et al. 2013). Diese sportunterrichtlichen Interventionen wurden auf der Grundlage der typischen Informationsquellen konzipiert, aus denen sich das Selbstkonzept speist (Band 1, Abschn. 4.2; Filipp 1979). Weil so nahezu ausschließlich psychologische Überlegungen der Selbstkonzeptforschung zum Tragen kamen, sollen die Empfehlungen im Folgenden in den Horizont der Ergebnisse der Unterrichtsforschung eingebettet werden. Insofern werden also normative didaktische Prinzipien mit empirisch gestützten Merkmalen eines lernwirksamen Unterrichts verknüpft.

> **Exkurs: Didaktische Prinzipien**
> Didaktische Prinzipien, im Sinne von (überfachlichen) Grundsätzen oder einer Richtschnur für unterrichtliches Handeln, wurden seit Jahrhunderten formuliert. Bis heute verbreitet sind etwa die mit verschiedenen Autoritäten der Pädagogik, z. B. Johann Amos Comenius (1592–1670) und Johann Heinrich Pestalozzi (1746–1827), verknüpften „Prinzipien der Elementarisierung, der Anschaulichkeit, der Ganzheit, der Selbsttätigkeit, des Übens, der Lebensnähe und des Stoffaufbaus" (Reusser 2009, S. 230). Didaktische Prinzipien können als historisch überliefertes und „geronnenes Erfahrungs- und Professionswissen" (Reusser 2009, S. 230) verstanden werden, das aber zunächst lediglich normativ begründet ist. Mittlerweile konnte die Lernwirksamkeit vieler didaktischer Prinzipien durch die moderne Unterrichtsforschung empirisch erhärtet werden. Sie haben daher auch Eingang in die *Basisdimensionen der Unterrichtsqualität, also Klassenführung, konstruktive Unterstützung und kognitive Aktivierung* (z. B. Klieme 2020) gefunden.

4.3 Empfehlungen für einen selbstkonzeptförderlichen Sportunterricht

In diesem Sinne gehören die didaktischen Prinzipien eines selbstwertförderlichen (Sport-)Unterrichts zu den sogenannten Tiefenmerkmalen unterrichtlichen Handelns. Ursprünglich als Sicht- bzw. Oberflächen- und Tiefenstrukturen bezeichnet, beziehen sich Oberflächen- und Tiefenmerkmale des Unterrichts auf verschiedene Ebenen des Unterrichtsgeschehens (Decristan et al. 2020). Oberflächenmerkmale erstrecken sich auf Ziele und Inhalte, Methodik und Rahmenbedingungen von Unterricht und beziehen sich auf das Lehren bzw. die Angebotsseite von Unterricht. Demgegenüber verknüpfen Tiefenmerkmale Lehren und Lernen, Angebots- und Nutzungsseite von Unterricht und fokussieren „die Interaktionen zwischen Lehrenden und Lernenden sowie deren Auseinandersetzung mit dem Lerninhalt" (Decristan et al. 2020, S. 107). Tiefenmerkmale des Unterrichts weisen engen Bezug zu den sogenannten Basisdimensionen der Unterrichtsqualität auf und tragen weitaus stärker zu einem lernwirksamen Unterricht bei als Oberflächenmerkmale.

4.3.1 Prinzip der Kompetenzerfahrung

Grundsätzlich weisen die Befunde aus Interventionsstudien (Abschn. 3.4) darauf hin, dass ein Sportunterricht, der allein auf das Erlernen oder die Verbesserung sportmotorischer Fertigkeiten und Fähigkeiten ausgerichtet ist, keinen Beitrag zur Entwicklung des Selbstkonzepts der Schüler und Schülerinnen zu leisten vermag. Das bedeutet aber nicht, dass ein selbstkonzeptdienlicher Sportunterricht auf motorische Lernfortschritte und -erfolge verzichten kann. Im Hinblick auf die Förderung des körperlich-sportlichen Fähigkeitsselbstkonzepts ist ein entsprechender Unterricht nur dann sinnvoll, wenn die Adressierung dieser Selbstkonzeptfacette mit (sport-)motorischen Lernergebnissen verknüpft wird. Dies wird auch als didaktisches Prinzip der Kompetenzerfahrung bezeichnet (Conzelmann et al. 2011, S. 66–69), das vorwiegend der Basisdimension der konstruktiven Unterstützung zuzuordnen ist. Nur wer sein Fähigkeitsselbstbild vor dem Hintergrund tatsächlich erlebter (Unterrichts-)Erfahrungen verändert oder vielleicht auch bestätigt, kann zu Selbsteinschätzungen gelangen, die sich im pädagogisch wünschenswerten Korridor um realistische Ausprägungen herum bewegen. Ähnliches gilt für das Selbstkonzept der sozialen Beziehungen zu Peers. Selbst wenn diese Selbstkonzeptfacette selbstverständlich auch und vielleicht vor allem durch außerunterrichtliche Schulsituationen und -erfahrungen beeinflusst wird (siehe Exkurs „Peerbeziehungen in der Schule"), kann sie durch gezielte sportunterrichtliche Inszenierungen (etwa unter den pädagogischen Perspektiven, gemeinsam zu handeln, wettzukämpfen und sich zu verständigen oder etwas zu wagen und zu verantworten) verändert werden. Auch hier gilt aber, dass es tatsächlich erlebter Lernangebote und -erfahrungen bedarf, um den schulpädagogisch wünschenswerten Bereich von Selbsteinschätzungen zu erreichen.

> **Exkurs: Peerbeziehungen in der Schule**
> Die Schule ist nicht nur ein Ort des Lernens, sondern auch ein wichtiger Raum für soziale Peerbeziehungen, die aufgrund der Schulpflicht unausweichlich sind. Daher sind Schülerinnen und Schüler nicht nur „*Akteure des Unterrichts*" (Breidenstein 2020, S. 317), sondern immer auch *Akteure ihrer Peerbeziehungen* (Heim et al. 2023, S. 8). Da der Unterricht unter dem Primat des Lernens steht, sind Peerbeziehungen hier eingeschränkt, während außerunterrichtliche Gelegenheitsstrukturen einen großen Möglichkeitsraum bieten: Soziale Kontakte und Beziehungsflechte können z. B. auf den Wegen zur, von und in der Schule, auf dem Pausenhof, Wandertagen und Exkursionen oder Schul- und Klassenfesten sowie im Umfeld des Sportunterrichts während des Umkleidens gepflegt und entwickelt werden (Heim et al. 2023, S. 8).

Im Rahmen des Prinzips der Kompetenzerfahrung kommt der „Wahl einer angemessenen Aufgabenschwierigkeit" (Conzelmann et al. 2011, S. 68) besondere Bedeutung zu. Diese Einschätzung unterstreicht eine Effektstärke von d = 0,60, die Hattie (2023, S. 314) in seiner jüngsten Metaanalyse ermittelte. Die Aufgaben müssen einerseits für die Schüler und Schülerinnen herausfordernd sein, andererseits aber von ihnen bewältigt werden können. Sind die Anforderungen zu schwer, ist ihre erfolgreiche Bewältigung unwahrscheinlich, und die Lernenden werden diese auch nicht erwarten (Hasselhorn und Gold 2017, S. 435). Daher werden ihre Anstrengungen gering ausfallen und Lernerfolge ausbleiben, sodass eher negative Wirkungen auf das Selbstkonzept angenommen werden können. Sind die Aufgaben zu leicht, „ist der mit der erwarteten Aufgabenlösung verbundene subjektive Wert zu gering" (Hasselhorn und Gold 2017, S. 435), und die Kompetenzerfahrung wirkt sich nicht auf das Fähigkeitsselbstkonzept aus. Daher weisen Hasselhorn und Gold (2017, S. 435) zu Recht darauf hin, das selbstwertförderliche Kompetenzerfahrungen nicht nur von der *Aufgabenschwierigkeit* abhängen, sondern der Unterricht den *Aufbau günstiger Erwartungen* aufseiten der Lernenden unterstützen sollte. Denn je größer die Erwartung ist, die Anforderung zu bewältigen, desto höher werden die Lern- oder im Sportunterricht auch die Übungs- und Trainingsanstrengungen ausfallen. Damit verknüpft sollte der Sportunterricht gleichfalls die Überzeugung stärken, durch eigenes Lernen, Üben und Trainieren auch herausfordernde Aufgaben erfolgreich lösen zu können. Dies ist im Hinblick auf den Erwerb von Wissen und motorischen Fertigkeiten unproblematisch, muss hinsichtlich der Verbesserung sportmotorischer Fähigkeiten aber differenziert werden. Wenngleich angesichts des zeitlichen Umfangs schwierig, können Ausdauer, Beweglichkeit, Kraft und Koordination im Sportunterricht durchaus verbessert werden (zusammenfassend Heim und Sohnsmeyer 2015).

4.3 Empfehlungen für einen selbstkonzeptförderlichen Sportunterricht 115

Weil die Schnelligkeit wegen der genetisch festgelegten Verteilung von schnellen und langsamen Muskelfasern allerdings im Wesentlichen anlagebedingt ist (Weineck 2007, S. 609 ff.), kann diese im Rahmen des Sportunterrichts nicht angemessen verändert werden. Deshalb ist die Adressierung des Fähigkeitsselbstkonzepts im Zusammenhang etwa mit dem Kurzstreckenlauf eher kontraproduktiv.

Neben der Aufgabenschwierigkeit kommt der *Rückmeldung* (Feedback) zu Lernprozessen und Leistungen eine zentrale Rolle (nicht nur) in einem selbstkonzeptförderlichen Sportunterricht zu (Conzelmann et al. 2011, S. 68 f.). Nachdem in früheren Metaanalysen die Effektgröße von Feedback auf den Lernerfolg im (kognitiv akzentuierten) Unterricht etwas überschätzt wurde (d = 0,79; Hattie und Timperley 2007), kommen jüngere metaanalytische Daten zu einer durchschnittlichen Größenordnung von d = 0,48 (Wisniewski et al. 2020), die in etwa mit einer, vor dem Hintergrund von methodischen Einwänden, nach unten korrigierten Effektstärke von d = 0,53 übereinstimmt (Hattie 2023, S. 321). Bereits Hattie und Timperley (2007) hatten darauf aufmerksam gemacht, dass die Einflüsse von Feedback differenziert beurteilt werden müssen. So lassen sich Rückmeldungen hinsichtlich des Zeitpunkts, also unmittelbares und verzögertes Feedback, im Hinblick auf die Bewertung, also positive und negative Reaktionen, sowie in Bezug auf die Richtung, also Lehrer zu Schüler, Schüler zu Schüler oder Schüler zu Lehrer, unterscheiden. Zudem ist der Typ des Feedbacks entscheidend: Bestärkung bzw. Lob und Bestrafung (einfaches Feedback) enthalten kaum Hinweise auf das Niveau der Aufgabe, des Lernprozesses oder der Selbstregulation. Korrektive Rückmeldungen umfassen in der Regel Informationen über das Aufgabenniveau (im Sinne von richtig oder falsch) und Empfehlungen zur richtigen Aufgabenlösung. Hochinformatives Feedback erstreckt sich auf Inhalte des korrektiven Feedbacks und zusätzlich auf Hinweise zur Selbstregulation, um Aufmerksamkeit, Emotionen und Motivationen im Lernprozess zu kontrollieren (Wisniewski et al. 2020).

Die fächerübergreifende Datenanalyse von Wisniewski et al. (2020) zeigte für einfaches Feedback lediglich schwache Effekte (d = 0,24), mittlere Größenordnungen (d = 0,46) für korrektive Rückmeldungen und sehr hohe positive Einflüsse eines hochinformativen Feedbacks (d = 0,99). Zudem erwiesen sich Effekte von Rückmeldungen auf motivationale Lernergebnisse nur in geringem Ausmaß (d = 0,33), während kognitive (d = 0,51) und körperliche (d = 0,63) Leistungsmaße stärker profitierten. Allerdings sind diese Befunde mit großer Vorsicht zu betrachten, denn ein detaillierter Blick auf die dort einbezogenen Studien offenbart, dass die dort berücksichtigten Studien mehr als 40 Jahre alt sind und die metaanalytische Vogelperspektive keine Rückschlüsse auf einen Zusammenhang mit Selbstkonzeptfacetten erlaubt, die für den Sportunterricht relevant sind. Daher soll der Blick nun auf die wenigen Studien gerichtet werden, die die Bedeutung von Feedback im Sportunterricht gezielter untersucht haben.

Die querschnittliche Studie von Koka und Hein (2003) prüfte neben Einflüssen der Lernumgebung des Sportunterrichts auch die Wirkung von wahrgenommenen Lehrkraftrückmeldungen auf Fähigkeitsselbsteinschätzungen estländischer Sekundarschüler und -schülerinnen. Es zeigte sich, dass vor allem das globale sportunterrichtliche Selbstwertgefühl („perceived threat to sense of self") mit dem Fähigkeitsselbstbild assoziiert war (großer Effekt). Zudem erwies sich ein wahrgenommenes positives allgemeines Feedback („Das hast du sehr gut gemacht") als günstig für das Fähigkeitsselbstkonzept, wenngleich der Zusammenhang deutlich geringer ausfiel (kleiner Effekt). Perzipierte Leistungsrückmeldungen und (nicht näher beschriebenes) positives spezifisches Feedback waren mit den Fähigkeitseinschätzungen – unter Berücksichtigung der Effektstärke – nicht substanziell korreliert.

In einer Querschnittstudie an französischen 14- bis 17-jährigen Schuljugendlichen (Nicaise et al. 2006) hing das körperlich-sportliche Fähigkeitsselbstkonzept beider Geschlechter schwach positiv mit den von Lehrkräften beurteilten Leistungen zusammen ($\beta = 0{,}30$; kleiner Effekt). Demgegenüber zeigte sich lediglich bei den Mädchen ein signifikanter Einfluss von wahrgenommenen Lehrkräfterückmeldungen in Form von Lob ($\beta = 0{,}33$; kleiner Effekt) sowie eine negative Assoziation mit Kritik nach Fehlern ($\beta = -0{,}17$; kleiner Effekt) auf das Fähigkeitsselbstbild, während die Selbsteinschätzungen von Jungen von jeglichem Feedback unbeeindruckt blieben (Nicaise et al. 2006, S. 50).

Ferner beobachteten Nicaise et al. (2007) an ebenfalls französischen Zehntklässlern, dass knapp 9 % der Varianz des Fähigkeitsselbstbilds („perceived performance") querschnittlich durch wahrgenommenes Lehrerkraftfeedback erklärt werden können, während 22 % auf früher ermittelte Leistungsbeurteilungen durch Lehrkräfte zurückgingen. Dabei erreichte die reine Häufigkeit der Rückmeldungen den stärksten Einfluss ($\beta = 0{,}24$; kleiner Effekt), gefolgt von Lob ($\beta = 0{,}19$; kleiner Effekt) sowie einem nicht bedeutsamen, negativen Zusammenhang von Ermunterungen nach Fehlern bzw. Bewegungskorrekturen ($\beta = -0{,}18$; kein Effekt). Bemerkenswert ist zudem, dass die von Lehrkräften eingeschätzte Leistung nach etwa drei Monaten durch keine der Rückmeldungstypen substanziell vorhergesagt werden konnte (Nicaise et al. 2007, S. 921).

In der Bilanz ist die fachspezifische Befundlage zur Wirkung von Feedback im Sportunterricht (nicht nur) auf das Selbstkonzept ernüchternd. Es finden sich keine nachhaltig empirisch gestützten Hinweise auf Vorzüge oder Nachteile von unmittelbaren oder verzögerten Rückmeldungen, auf die Bedeutung von Schülerfeedback, weder auf Wirkungen von Informationen zum Aufgabenniveau noch von hochinformativen Rückmeldungen. Insbesondere Effekte von Schülerrückmeldungen dürften nicht nur vor dem Hintergrund einer großen Effektstärke ($d = 0{,}85$) in der fachübergreifenden Metaanalyse von Wisniewski et al. (2020) von Interesse sein, sondern auch, weil sportliche Leistungen unter Gleichaltrigen eine besonders hohe Bedeutung besitzen (Abschn. 3.1). Im

4.3 Empfehlungen für einen selbstkonzeptförderlichen Sportunterricht

Hinblick auf Lehrkraftrückmeldungen bestätigt sich, dass einfaches Feedback, also unspezifische Ermunterung, Bestärkung oder Lob, auf das Fähigkeitsselbstkonzept im Sportunterricht lediglich einen schwachen Effekt ausübt.[4] Korrektive Rückmeldungen scheinen entgegen dem fachübergreifenden Forschungsstand im Sportunterricht kaum relevant bzw. sind bis heute empirisch nicht hinreichend untersucht worden.

Daher können Empfehlungen zu einem selbstwertförderlichen Feedback lediglich Plausibilität beanspruchen, weil sie zwar mit fachübergreifenden empirischen Befunden übereinstimmen, aber fachspezifisch (noch) nicht erhärtet werden konnten. Demnach sollten (nicht nur) selbstkonzeptdienliche Lehrkraftrückmeldungen[5] in Anlehnung an Conzelmann et al. (2011, S. 69) bzw. Fengler (2009, S. 22) sowie vor allem Zierer et al. (2015),

- unmittelbar und situationsbezogen sowie regelmäßig während des Lern- oder Übungsprozesses und mit positiver Wertung gegeben werden,
- nicht nur pauschal Lob oder Ermunterung enthalten, sondern lern- oder übungsbezogene Informationen konkret, verständlich und zugespitzt vermitteln,
- über den aktuellen Lern- oder Übungsstand („Was kann ich im Moment?") im Hinblick auf das angestrebte Ziel („Was möchte ich können?"), die bisherigen Fortschritte („Was habe ich schon geschafft?") und die nächsten Schritte („Wie komme ich dorthin?") informieren,
- unbedingt getrennt von abschließenden Beurteilungen (z. B. Noten) erfolgen,
- sich nicht (unmittelbar) auf das Selbst der Person, sondern auf die Motivationen und eventuell Emotionen im Lern- oder Übungsprozess richten, indem z. B. Anstrengung, Engagement, Angst oder Freude angesprochen werden.

4.3.2 Prinzip eines reflexiven Sportunterrichts

Ausgehend von sogenannten „reflexiven Prädikaten-Selbstzuweisungen", die u. a. als wichtige Quelle des Selbstkonzepts gelten (Band 1, Abschn. 4.2; Filip 1979), setzten Conzelmann et al. (2011, S. 69–72) das „Prinzip einer reflexiven Sportver-

---

[4] Auch im Hinblick auf eine Verbesserung der motorischen Fertigkeiten ist unspezifisches, verstärkendes Loben nicht zu empfehlen, „denn nach einer anfänglichen Verbesserung stagnieren dann die Leistungen auf einem mittleren Niveau" (Hossner und Künzell 2022, S. 328). Allerdings scheint es plausibel, dass Lob, Ermunterung und Ansporn in Trainingsprozessen, also Unterrichtssituationen, die motorische Fähigkeit adressieren – auch unmittelbar und gegenwärtig –, günstig wirken können. Dabei ist aber zu bedenken, dass koordinative Fähigkeiten nicht durch Training, sondern durch Übungsprozesse verbessert werden.

[5] Zu Rückmeldungen aus bewegungswissenschaftlicher Perspektive, insbesondere im Hinblick auf motorische Lern-, Festigungs- und Optimierungsprozesse, vgl. Hossner und Künzell (2022, S. 319–347).

mittlung" (S. 64) für einen selbstkonzeptdienlichen Unterricht ein. Weil das Selbstkonzept bzw. seine Facetten auf Erfahrungen in verschiedenen Lebenssituationen gründen (Band 1, Abschn. 2.2.1), sind Selbstwahrnehmungen zunächst das Fundament, die allerdings einer weiteren mentalen Verarbeitung bedürfen. Erst wenn sich miteinander korrespondierende oder punktuell (besonders) irritierende Erfahrungen einstellen, werden sie in der Regel in eine Facette des Selbstbilds aufgenommen werden. Dieser Übergang setzt mehr oder weniger bewusste Reflexionsprozesse voraus, in denen die Relevanz der Erfahrung für die eigene Person sowie das Nachdenken über sich selbst eine Rolle spielen.

Damit geraten *Reflexionen der Selbstwahrnehmungen und -erfahrungen* in den Fokus des Interesses eines selbstkonzeptförderlichen Sportunterrichts. Es geht also darum, zum Nachdenken über Erfahrungen sportunterrichtlichen (Bewegungs-)Handelns und über die eigene Person anzuregen (Conzelmann et al. 2011, S. 70). Ausgangspunkt sollten also zunächst vergangene, nicht gegenwärtige Handlungen[6] und Leistungen sowie entsprechende Erfahrungen sein, die unterrichtlich zum Thema von Reflexionen gemacht werden. Darüber hinaus sind auch in die Zukunft gerichtete Reflexionen denkbar, die etwa in Gestalt von selbst gesetzten Zielen zum Nachdenken über das eigene Selbstkonzept ermuntern (Conzelmann et al. 2011, S. 71).

Die Berner Arbeitsgruppe favorisiert in diesem Zusammenhang die Position, ein reflexiver Sportunterricht ergebe sich vor allem aus „Unterbrechungen des Unterrichts (Time-Out)" (Conzelmann et al. 2011, S. 71, vgl. auch Oswald et al. 2013a, b) durch die Lehrkraft. Dies mag mit Blick auf die dort im Blickpunkt stehenden Unterrichtsinterventionen sinnvoll gewesen sein, muss im Horizont der neueren schulsportpädagogischen Forschung aber grundsätzlich erweitert werden. Denn die Gedankenfigur der Unterbrechung legt nahe, dass der eigentliche Sportunterricht sich nahezu ausschließlich im Bewegungshandeln der Schülerinnen und Schüler sowie streng darauf bezogene Lehrkraftinstruktionen und -rückmeldungen konstituiere, kognitiv-reflexive Momente aber fern dieser „Kernelemente" lägen und das Genuine des Fachs verfehlt werde (exemplarisch Hummel und Borchert 2014, aber aus ganz anderer Perspektive auch Laging 2013). Damit entspricht diese Auslegung den gängigen Praxen des alltäglichen Sportunterrichts und dominierenden Überzeugungen von Lehrkräften (z. B. Kastrup 2011; Lüsebrink und Wolters 2017), die Reflexion zu „Gesprächsreservaten" (Serwe-Pandrick et al. 2019, S. 166) degradieren oder als „Feind in meinem Fach" (Serwe-Pandrick 2016) ausmachen.

---

[6] Insbesondere während motorischer Aufgaben sollte die Aufmerksamkeit nicht auf andere Aspekte gelenkt werden, weil dies die Aufgabenlösung, also das Lernen und Üben, maßgeblich beeinträchtigt (siehe z. B. Hossner und Künzell 2022, S. 303–317). Im Hinblick auf das Trainieren ist dies allerdings anders zu beurteilen.

4.3 Empfehlungen für einen selbstkonzeptförderlichen Sportunterricht

Während der Grundgedanke der Akzentuierung von Reflexion zunächst auf einen Sportunterricht im Sinne einer „reflektierten Praxis" abzielte, die seinen Zielhorizont vornehmlich im Verstehen des gesellschaftlichen Phänomens „Sport" und der Entwicklung der Urteilsfähigkeit von Schülern und Schülerinnen absteckt, kann das Prinzip eines reflexiven Sportunterrichts mittlerweile etwas breiter im Zusammenhang mit der unterrichtlichen Basisdimension kognitiver Aktivierung platziert werden. Dabei ist die Unterscheidung Gogolls (2013) von „operativer Handlungsfähigkeit", die sich auf „ein grundlegendes Maß an körperlicher Fitness, an Bewegungskönnen und sportbezogenem Wissen" (Richartz und Kohake 2021, S. 246) bezieht, und „reflexiver Handlungsfähigkeit" wichtig. Indem „reflexive Handlungsfähigkeit" meint, dass der Sportunterricht den Schülern und Schülerinnen die Kompetenz(en) vermittelt, ihre Bewegungs- und Sportpraxis zu analysieren und zu beurteilen und im Sinne von mündiger Selbstbestimmung und -verantwortung zu gestalten (Richartz und Kohake 2021, S. 246), kann der Unterricht ohne Einbeziehung des Selbstkonzepts nicht erfolgreich gelingen. Denn mündige Selbstverantwortung und -bestimmung setzen Kenntnis und Reflexion der Fähigkeiten, Interessen oder weiterer Merkmale der eigenen Person, also des Selbstkonzepts bzw. wenigstens einiger Facetten, voraus: Wer seine körperlich-sportlichen Fähigkeiten überschätzt, wird im Wettkampfsport nur wenig Erfüllung finden oder an selbstgestellten Aufgaben und Zielen wahrscheinlich scheitern, und die Motivation wird sinken. Wer sich unterschätzt, wird nur schwerlich einen Weg zu einem bewegungs- und sportaktiven Lebensstil entdecken oder nur wenig Freude an selbst gewählten Aufgaben und Zielen haben (Abschn. 4.2). All diese Aspekte dürften sich auch in ungünstigen sportunterrichtlichen Motivationen niederschlagen. Wer betonte negative oder positive Illusionen im Hinblick auf sein soziales Selbstkonzept hat, wird kaum die richtige Wahl (s)einer Sport- oder Bewegungspraxis treffen können und im Sportunterricht eher negative Erfahrungen in den einschlägigen Sozialsituationen machen. In diesem Sinne leistet ein reflexiver Sportunterricht einen substanziellen Beitrag zu einem *vertieften oder elaborierten* Verstehen, Urteilen und Entscheiden im Hinblick auf unterrichtliche Lern-, Übungs- und Trainingsprozesse sowie mittelfristig auf die eigene bewegungs- und sportbezogene Lebensführung – und das ist Kernanliegen der unterrichtlichen Basisdimension kognitiver Aktivierung (Klieme 2020).

Erst wenn das Selbstkonzept bzw. einzelne Facetten im Sportunterricht reflexiv adressiert werden, können zudem Lehrkräfte die Selbstbilder und -einschätzungen ihrer Schüler und Schülerinnen hinreichend ermessen (Band 1, Abschn. 3.4) und ihren Unterricht adressaten- und zielgenauer gestalten. Didaktisch favorisierten Conzelmann et al. (2011, S. 71 f.) für einen reflexiven Sportunterricht verschiedene Maßnahmen. Fragen oder Impulse, die Schülerinnen und Schüler zum Nachdenken über ihre unterrichtlichen (Bewegungs-)Handlungen und Erfahrungen anregen, können im Sinne von Irritationen innere Dialoge auslösen oder forcieren. Irritationen können dabei niedrigschwellig ausfallen (z. B. „Bist du mit deinen Leistungsfortschritten zufrieden?" oder „Denk mal daran, was du schon geschafft hast!"), müssen also nicht die Gefahr einer betont krisenhaften – und schulpädagogisch bedenklichen – Selbstwahrnehmung oder -einschätzung heraufbeschwören.[7] Zudem lassen sich solche Fragen oder Impulse auch in Paaren und kleinen Arbeitsgruppen behandeln und interaktiv erörtern. Ferner bietet das Führen eines Lern- oder Leistungstagebuchs bzw. eines Lernjournals (fachübergreifend z. B. Rott et al. 2021; für den Sportunterricht z. B. Schwarz 2011) vielfältige Möglichkeiten, zu Reflexionen anzuregen, etwa indem die Schüler und Schülerinnen ihre Lern- bzw. Leistungsentwicklung, aber auch soziale Erfahrungen (z. B. Blotzheim 2016) dokumentieren und sie so klarer verfolgen und reflektieren können.

4.3.3 Prinzip eines individualisierten Sportunterrichts

Schulklassen und unterrichtliche Lerngruppen weisen generell eine mehr oder weniger große Heterogenität vor allem im Hinblick auf Fähigkeiten und Leistungen, aber auch auf Leistungsvoraussetzungen, soziale und kulturelle Unterschiede auf. Dies ist im Sportunterricht – vor dem Hintergrund seiner marginalen Bedeutung für Schulformentscheidungen – nicht grundsätzlich anders, wenn man bedenkt, dass das selektive mehrgliedrige Schulsystem der Bundesrepublik weitaus weniger Homogenität hervorbringt, als von seinen Befürworten erwartet wird (Scharenberg 2012). Die Unterschiedlichkeiten der Schülerinnen und Schüler stellen daher eine „der größten Herausforderungen an schulische Lern- und Vermittlungsprozesse dar" (Gröhlich et al. 2009, S. 87) – auch im Sportunterricht, wie etwa die Studie von Burrmann (2015) u. a. anhand von motivationalen und volitionalen Merkmalen zeigt. Daher gilt fachunabhängig wie fachspezifisch das Prinzip eines individualisierten Unterrichts als wesentliches Kriterium guten Unterrichts, das zur Basisdimension konstruktiver Unterstützung (Klieme 2020) gehört.

Auf der Grundlage der Interventionsstudie von Conzelmann et al. (2011, S. 72–77) kommt dabei vor allem einer individuellen Bezugsnormorientierung (siehe Exkurs „Bezugsnormorientierung") herausragende Bedeutung zu. Weil soziale Bezugsnormen, also Vergleiche mit anderen Schülerinnen und Schülern einer Schulklasse oder Lerngruppe, zwar mitunter Anstöße für Leistungsverbesserungen geben, sich auf das Selbstkonzept aber ungünstig auswirken (Band 1, Abschn. 4.3.1), sind individu-

---

[7] Aus Sicht des transformatorischen Bildungskonzepts siehe dazu Lüsebrink und Wolters (2019).

4.3 Empfehlungen für einen selbstkonzeptförderlichen Sportunterricht

elle und kriteriale Bezugsnormen in einem selbstkonzeptförderlichen Sportunterricht zu favorisieren. Soziale Bezugsnormen gelten zudem als ungünstig, weil ihre betonte Anwendung den gemeinsamen Lern- oder Leistungsfortschritt in einer Klasse als Selbstverständlichkeit erscheinen lässt und den Zusammenhang zwischen Lernaktivitäten und -ergebnissen verdeckt (Dickhäuser und Rheinberg 2003). Bevorzugt individuelle Bezugsnormen ermöglichen den Lernenden, die eigene Leistungsentwicklung für die Entwicklung ihrer Selbstkonzepte fruchtbar zu machen. Aber auch kriteriale Bezugsnormen können in diesem Zusammenhang günstig sein, sofern sie nicht in Gestalt von (in der Alltagspraxis leider zu verbreiteten) Leistungstabellen Anwendung finden, die im Grunde nichts anderes sind als anonymisierte soziale Vergleichsmaßstäbe. Denn kriteriale Bezugsnormen eröffnen im Sinne eines Zielhorizonts vor allem die Möglichkeit einzuschätzen, wie weit oder nah man noch vom angestrebten Lernergebnis entfernt ist. Dies macht darauf aufmerksam, dass Bezugsnormorientierungen sowohl aufseiten der Lehrkraft als auch aufseiten der Schüler und Schülerinnen relevant sind, da kriteriale Bezugsnormen vor allem bei Lehrkraftrückmeldungen (Abschn. 4.3.1) selbstkonzeptdienlich wirksam werden können. Dies gilt auch für individuelle Bezugsnormen, weil eine Betonung von Lernerfolgen durch die Lehrkraft nicht nur das Selbstkonzept stärkt, sondern auch besonders motivierend wirkt. Im Falle einer Leistungsstagnation können entsprechende Rückmeldungen ebenfalls motivational wirksam werden und einen Anstoß zu intensivierten Anstrengungen bieten.

Exkurs: Bezugsnormorientierung
Um eine (unterrichtliche) Leistung einzuschätzen oder zu beurteilen, bedarf es nicht nur des Leistungsergebnisses, sondern auch eines Maßstabs (Rheinberg 2008). Derartige Maßstäbe können aus drei verschiedenen Vergleichen hervorgehen: Vergleiche mit anderen (*soziale Bezugsnorm*; Band 1, Abschn. 4.3.1), Vergleiche mit sich selbst (*individuelle Bezugsnorm*; Band 1, Abschn. 4.3.2) und Vergleiche mit einer Sachanforderung (*kriteriale Bezugsnorm*). Unter einer Bezugsnormorientierung wird die Tendenz einer Person verstanden, eine der drei Bezugsnormen bei Einschätzungen und Beurteilungen zu bevorzugen.

Diese Empfehlungen sind vor allem für die Lehrkräfte relevant, können aber nicht für alle Unterrichtssituationen Geltung beanspruchen, weil Lehrerinnen und Lehrer nur begrenzte Bewertungsspielräume haben. Kriteriale und individuelle Bezugsnormen sollten vor allem *während der Lernprozesse* im Sinne von Rückmeldungen Anwendung finden und letztere auch bei abschließenden Bewertungen (etwa Noten und Zensuren) in gebührendem Maß einfließen (Klauer 1987). Insbesondere bei der *Benotung und in Zeugnissen* wird man aber dem Anspruch der

Gerechtigkeit – nicht nur mit Blick auf die Funktionen der Schule, sondern auch aus Schülerperspektive (Dalbert 2011)! – Rechnung tragen und primär kriteriale und sekundär auch soziale Bezugsnormen heranziehen müssen.

Während die individuell bevorzugten Bezugsnormorientierungen auch für die Schüler und Schülerinnen im Hinblick auf ihre Lern-, Übungs- und Trainingsprozesse sowie die Selbstkonzeptentwicklung Bedeutung besitzen, scheint nach Lage der Forschung unklar, inwieweit sie durch die Bezugsnormorientierungen ihrer Lehrkräfte beeinflusst werden. Allerdings konnten Dickhäuser et al. (2017) zeigen, dass eine individuelle Bezugsnormorientierung sich günstig auf implizite Fähigkeitstheorien, mittlerweile auch als *Mindsets* bezeichnet (Dweck und Yeager 2019), auswirkt. Dieser Befund ist deshalb bedeutsam, weil empirisch gut dokumentiert ist (z. B. metaanalytisch Burnette et al. 2013), dass Veränderungen in Selbstkonzepten sich bevorzugt dann einstellen, wenn die Schülerinnen und Schüler ihre Fähigkeiten und sozialen Beziehungen als veränderlich und nicht als durch Begabung, Talent oder unveränderliche Persönlichkeitsmerkmale fixiert verstehen.

Exkurs: Mindsets
Die implizite Theorie über die Veränderlichkeit eigener Fähigkeiten oder Mindsets geht auf Überlegungen von Carol S. Dweck zurück und bezog sich ursprünglich auf die Intelligenz. Mittlerweile gilt aber auch für domänenspezifische Fähigkeiten, dass sich „Entity Theories" und „Incremental Theories" bzw. „Fixed Mindsets" und „Growth Mindsets" unterscheiden lassen. Demnach bezeichnen *Fixed Mindets* die Vorstellung, die eigenen Fähigkeiten seien stabil und unveränderlich, da sie auf so etwas wie Begabung und Talent gründen. *Growth Mindsets* beschreiben die Überzeugung, die eigenen Fähigkeiten seien (durch eigene Mühen und Anstrengungen) veränderbar und könnten positiv entwickelt werden. Im schulischen Kontext sind Fixed Mindsets mit schlechteren schulischen Leistungen, ungünstigen Ursachenzuschreibungen und Motivationen sowie höherer Hilflosigkeit verknüpft. Growth Mindsets gehen demgegenüber mit besseren Schulleistungen, geringerer Hilflosigkeit und günstigen Motivationen und Ursachenerklärungen einher. Mittlerweile konnten Mindsets und ihre Wirkungen auch im Hinblick auf Sozialbeziehungen gezeigt werden, sodass auch von allgemeinen Überzeugungssystemen (meaning systems) gesprochen wird. Menschen mit einem Fixed Mindset sind überzeugt, ihre Sozialbeziehungen seien festgelegt und ihre soziale Eingebundenheit könnten nicht verbessert werden, und neigen zu sozialer Passivität. Demgegenüber sind Individuen mit Growth Mindsets im Hinblick auf ihre sozialen Beziehungen aktiv, weil sie von ihrer Dynamik und Entwicklung wie eigener Beeinflussbarkeit überzeugt sind (Dweck und Yeager 2019).

Deshalb sollte ein individualisierter Sportunterricht im Hinblick auf Selbstkonzepte nicht nur deren Höhe adressieren, sondern auch die korrespondierenden Mindsets (Dresel und Ziegler 2006). So bestätigten Dickhäuser et al. (2017) für den Mathematikunterricht, dass individuelle Bezugsnormorientierungen von Lehrkräften sowohl die impliziten Fähigkeitstheorien als auch die Fähigkeitsselbstkonzepte, allerdings mit eher geringer Effektstärke, günstig beeinflussen konnten. Inwieweit sich diese Befunde auf den Sportunterricht übertragen lassen, muss zukünftiger Forschung überlassen bleiben. Bis dahin kann ein individualisierter Sportunterricht mit besonderer Akzentuierung individueller Bezugsnormen allerdings ohne Bedenken empfohlen werden, denn ein individualisierter Unterricht (für den Sportunterricht siehe Neuber und Pfitzner 2012) gilt auch fachübergreifend als bedeutsames Qualitätsmerkmal.

Fragen und Denkanstöße

1. Warum lassen sich pädagogische Empfehlungen nicht unmittelbar aus empirischen Befunden ableiten?
2. Inwieweit kann das körperlich-sportliche Fähigkeitsselbstkonzept pädagogisch auch jenseits der motorischen Leistungen relevant sein?
3. Warum kann die Berücksichtigung des Selbstkonzepts im Hinblick auf die Motivation der Schülerinnen und Schüler im Sportunterricht eine wichtige Rolle spielen?
4. Inwiefern sind eine extreme Überschätzung der eigenen sportlichen Leistungen und Fähigkeiten im Sportunterricht ungünstig?
5. Inwiefern ist eine extreme Überschätzung des Selbstkonzepts der sozialen Beziehungen zu Peers im Sportunterricht ungünstig?
6. Inwiefern lässt sich ein optimaler Bereich von Selbsteinschätzungen für den Sportunterricht identifizieren?
7. Welche Aspekte sind im Hinblick auf das Prinzip der Kompetenzerfahrung für einen selbstkonzeptdienlichen Sportunterricht bedeutsam?
8. Weshalb ist ein reflexiver Sportunterricht im Hinblick auf die Entwicklung des Selbstkonzepts zu empfehlen?
9. Inwiefern ist das Prinzip eines individualisierten Sportunterrichts im Hinblick auf die Entwicklung des Selbstkonzepts zu empfehlen? ◄

Literatur

Balz, E. (2009). Fachdidaktische Konzepte update oder: Woran soll sich der Schulsport orientieren? *Sportpädagogik, 33*(1), S. 25–32.

Bandura, A. (1977). Self-efficacy: Toward a unifying theory of behavioral change. *Psychological Review, 84*(2), 191–215.

Baumeister, R.F. (1989). The optimal margin of illusion. *Journal of Social and Clinical Psychology, 8*(2), 176–189.
Bellmann, J. & Müller, T. (2011a). Evidenzbasierte Pädagogik – ein Déjà-vu? In J. Bellmann & T. Müller (Hrsg.), *Wissen, was wirkt: Kritik evidenzbasierter Pädagogik* (S. 9–32). Wiesbaden: VS.
Bellmann, J. & Müller, T. (Hrsg.). (2011b). *Wissen, was wirkt: Kritik evidenzbasierter Pädagogik*. Wiesbaden: VS.
Biesta, G. (2011). Warum „What works" nicht funktioniert: Evidenzbasierte pädagogische Praxis und das Demokratiedefizit der Bildungsforschung. In J. Bellmann & T. Müller (Hrsg.), *Wissen, was wirkt: Kritik evidenzbasierter Pädagogik* (S. 95–121). Wiesbaden: VS.
Blotzheim, D. (2016). "Die Gruppe steht im Vordergrund". Schülerinnen und Schüler bauen Menschenpyramiden und reflektieren dabei die Wagnis- und Verantwortungssituationen mit dem Lerntagebuch. *Sportpädagogik, 40*(6), 20–22.
Bonneville-Roussy, A., Bouffard, T. & Vezeau, C. (2017). Trajectories of self-evaluation bias in primary and secondary school: Parental antecedents and academic consequences. *Journal of School Psychology, 63*, 1–12.
Breidenstein, G. (2020). Schülerinnen und Schüler. In M. Harring & C. Rohlfs (Hrsg.), *Handbuch Schulpädagogik* (2. Aufl., S. 318–328). Münster u. a.: Waxmann.
Burnette, J.L., O'Boyle, E.H., VanEpps, E.M., Pollack, J.M. & Finkel, E.J. (2013). Mind-sets matter: a meta-analytic review of implicit theories and self-regulation. *Psychological Bulletin, 139*(3), 655–701.
Burrmann, U. (2015). Schülertypen im Sportunterricht der Sekundarstufe I – Perzeptionen des Sportunterrichts und deren Bezug zum außerschulischen Sport. *Zeitschrift für sportpädagogische Forschung, 3*(2), 61–82.
Chanal, J.P., Sarrazin, P.G., Guay, F. & Boiché, J. (2009). Verbal, mathematics, and physical education self-concepts and achievements: An extension and test of the internal/external frame of reference model. *Psychology of Sport and Exercise, 10*(1), 61–66.
Conzelmann, A., Schmidt, M. & Valkanover, S. (2011). *Persönlichkeitsentwicklung durch Schulsport. Theorie, Empirie und Praxisbausteine der Berner Interventionsstudie Schulsport (BISS)*. Bern: Huber.
Dalbert, C. (2011). Warum die durch die Schüler und Schülerinnen individuell und subjektiv erlebte Gerechtigkeit des Lehrerhandelns wichtig ist. *Zeitschrift für Pädagogische Psychologie, 25*(1), 5–18.
Decristan, J., Hess, M., Holzberger, D. & Praetorius, A.-K. (2020). Oberflächen- und Tiefenmerkmale. Eine Reflexion zweier prominenter Begriffe der Unterrichtsforschung. In A.-K. Praetorius, J. Grünkorn & E. Klieme (Hrsg.), *Empirische Forschung zu Unterrichtsqualität. Theoretische Grundfragen und quantitative Modellierungen* (S. 102–116). Weinheim u. a.: Beltz Juventa.
Dickhäuser, O. & Rheinberg, F. (2003). Bezugsnormorientierung: Erfassung, Probleme, Perspektiven. In J. Stiensmeier-Pelster & F. Rheinberg (Hrsg.), *Diagnostik von Selbstkonzept, Lernmotivation und Selbstregulation* (S. 41–56). Göttingen: Hogrefe.
Dickhäuser, O., Janke, S., Praetorius, A.-K. & Dresel, M. (2017). The Effects of Teachers' Reference Norm Orientations on Students' Implicit Theories and Academic Self-Concepts. *Zeitschrift für Pädagogische Psychologie, 31*(3–4), 205–219.
Dresel, M. & Ziegler, A. (2006). Langfristige Förderung von Fähigkeitsselbstkonzept und impliziter Fähigkeitstheorie durch computerbasiertes attributionales Feedback. *Zeitschrift für pädagogische Psychologie, 20*(1–2), 49–63.

Literatur

Dweck, C.S. & Yeager, D.S. (2019). Mindsets: A view from two eras. *Perspectives on Psychological Science, 14*(3), 481–496.
Eklund, R.C., Sabiston, C.M. & Kühnen, U. (2013). The self in sports and exercise. In J. Schüler, M. Wegner, H. Plessner & R.C. Eklund (Hrsg.), *Sport and exercsie psychology* (S. 459–483). Cham, CH: Springer.
Fend, H. (1981). *Theorie der Schule.* Müchen: Urban & Schwarzenberg.
Fengler, J. (2009). *Feedback geben. Strategien und Übungen* (4. Aufl.). Weinheim: Beltz.
Filipp, S.-H. (1979). Entwurf eines heuristischen Bezugsrahmens für die Selbstkonzept-Forschung. In S.-H. Filipp (Hrsg.), *Selbstkonzept-Forschung* (S. 129–152). Stuttgart: Klett.
Gerlach, E. & Brettschneider, W.-D. (2008). Sportengagement, Persönlichkeit und Selbstkonzeptentwicklung im Kindesalter. In W. Schmidt, R. Zimmer & K. Völker (Hrsg.), *Zweiter Deutscher Kinder- und Jugendsportbericht* (S. 193–208). Schorndorf: Hofmann.
Gerlach, E., Kussin, U., Brandl-Bredenbeck, H.P. & Brettschneider, W.-D. (2006). Der Sportunterricht aus Schülerperspektive. In D. Sportbund (Hrsg.), *DSB-SPRINT-Studie. Eine Untersuchung zur Situation des Schulsports in Deutschland* (S. 115–152). Aachen: Meyer & Meyer.
Geßmann, R. (2016). *Lehrpläne für den Schulsport zwischen Subjekt und Sache: Zeitgeschichtliche Beobachtungen zum Doppelauftrag des Schulsports.* Aachen: Meyer & Meyer.
Gogoll, A. (2013). Sport- und bewegungskulturelle Kompetenz. Zur Begründung und Modellierung eines Teils handlungsbezogener Bildung im Fach Sport. *Zeitschrift für sportpädagogische Forschung, 1*(2), 5–24.
Gröhlich, C., Scharenberg, K. & Bos, W. (2009). Wirkt sich Leistungsheterogenität in Schulklassen auf die individuellen Lernerfolg in der Sekundarstufe aus? *Journal für Bildungsforschung Online, 1*(1), 86–105.
Hasselhorn, M. & Gold, A. (2017). *Pädagogische Psychologie: erfolgreiches Lernen und Lehren* (4., aktualisierte Auflage. Aufl.). Stuttgart: Verlag W. Kohlhammer.
Hattie, J. (2023). *Visible Learning: The Sequel.* London, UK, New York, NY: Routledge.
Hattie, J. & Timperley, H. (2007). The power of feedback. *Review of Educational Research, 77*(1), 81–112.
Heim, R. & Sohnsmeyer, J. (2015). Sportszenen: Schulsport. In W. Schmidt, N. Neuber, T. Rauschenbach, H.P. Brandl-Bredenbeck, J. Süßenbach & C. Breuer (Hrsg.), *Dritter Kinder- und Jugendsportbericht: Kinder- und Jugendsport im Umbruch* (S. 118–139). Schorndorf: Hofmann.
Heim, R., Schüßler, A. & Holler, C. (2023). Peerbeziehungen in der Sporthalle – Soziale Netzwerke im Sportunterricht. *Zeitschrift für sportpädagogische Forschung, 11*(1), 5–30.
Hossner, E.-J. & Künzell, S. (2022). *Einführung in die Bewegungswissenschaft.* Wiebelsheim: Limpert.
Hummel, A. & Borchert, T. (2014). Zum Auftrag des Schulsports: Reflexionen über den Umgang mit dem Auftrag des Schulsports. *Sportunterricht, 63*(11), 342–347.
Hummel, A. & Krüger, M. (2020). Physical Literacy und neue körperliche Grundbildung. *Sportunterricht, 69*(7), 295–300.
Jansen, M., Lüdtke, O. & Robitzsch, A. (2020). Disentangling different sources of stability and change in students' academic self-concepts. An integrative data analysis using the STARTS model. *The Journal of Educational Psychology, 112*(8), 1614–1631.
Kastrup, V. (2011). Was halten Sportlehrkräfte von Theorieanteilen im Sportunterricht? *Sportunterricht, 60*(12), 376–380.

Klauer, K.J. (1987). Notengebung unter individueller Bezugsnorm. *Zeitschrift für Entwicklungspsychologie und pädagogische Psychologie, 19*(2), 158–169.

Klieme, E. (2020). Unterrichtsqualität. In M. Gläser-Zikuda, M. Harring & C. Rohlfs (Hrsg.), *Handbuch Schulpädagogik* (2. Aufl., S. 411–426). Münster u. a.: Waxmann.

Klier, K., Rommerskirchen, T. & Brixius, K. (2022). #fitspiration: A comparison of the sport-related social media usage and its impact on body image in young adults. *BMC Psychology, 10,* 320.

KMK und DOSB (Kultusministerkonferenz und Deutscher Olympischer Sportbund) (2017). Gemeinsame Handlungsempfehlungen der Kultusministerkonferenz und des Deutschen Olympischen Sportbundes zur Weiterentwicklung des Schulsports 2017 bis 2022. Berlin: Ständige Konferenz der Kultusminister der Länder in der Bundesrepublik Deutschland.

Koka, A. & Hein, V. (2003). Perceptions of teacher's feedback and learning environment as predictors of intrinsic motivation in physical education. *Psychology of Sport and Exercise, 4*(4), 333–346.

Krahé, B. (2014). Aggression. In K. Jonas, W. Stroebe & M. Hewstone (Hrsg.), *Sozialpsychologie* (S. 315–356). Berlin, Heidelberg: Springer.

Kuhlmann, D. & Scherler, K. (2004). Schulsportinitiativen: Proklamationen oder Legitimationen? In E. Balz (Hrsg.), *Schulsport verstehen und gestalten. Beiträge zur fachdidaktischen Standortbestimmung* (S. 23–38). Aachen: Meyer & Meyer.

Kühnen, U. & Hannover, B. (2003). Kultur, Selbstkonzept und Kognition. *Zeitschrift für Psychologie, 211*(4), 212–224.

Kurz, D. (2004). Von der Vielfalt sportlichen Sinns zu den pädagogischen Perspektiven im Schulsport. In P. Neumann & E. Balz (Hrsg.), *Mehrperspektivischer Sportunterricht. Orientierungen und Beispiele* (S. 57–70). Schorndorf: Hofmann.

Kurz, D. (2009). Der Auftrag des Schulsports. In H.P. Brandl-Bredenbeck & M. Stefani (Hrsg.), *Schulen in Bewegung – Schulsport in Bewegung* (S. 36–51). Hamburg: Czwalina.

Laging, R. (2013). Auf der Suche nach dem fachlichern Gegenstand des Sportunterrichts – sportpädagogische Reflexion und Perspektive für eine bewegungsorientierte Didaktik. *Zeitschrift für sportpädagogische Forschung, 1*(2), 61–82.

Leduc, C. & Bouffard, T. (2017). The impact of biased self-evaluations of school and social competence on academic and social functioning. *Learning and Individual Differences, 55,* 193–201.

Lee, E.J. (2021). Biased self-estimation of maths competence and subsequent motivation and achievement: Differential effects for high- and low-achieving students. *Educational Psychology, 41*(4), 446–466.

Lipowsky, F. (2020). Unterricht. In E. Wild & J. Möller (Hrsg.), *Pädagogische Psychologie* (S. 69–118). Berlin, Heidelberg: Springer.

Lohbeck, A. (2018). Freude am Sportunterricht – Welche Rolle spielen sportartspezifische Selbstkonzepte und die wahrgenommene Lehrerfürsorglichkeit von Schülerinnen und Schülern? *Zeitschrift für Pädagogische Psychologie, 32*(1–2), 117–132.

Lüsebrink, I. & Wolters, P. (2017). Rekonstruktion von Reflexionsanlässen im alltäglichen Sportunterricht. *Zeitschrift für sportpädagogische Forschung, 5*(1), S. 27–44.

Lüsebrink, I. & Wolters, P. (2019). Negative Erfahrungen als Reflexionsanlässe im alltäglichen Sportunterricht. In I. Bähr, U. Gebhard, C. Krieger, B. Lübke, M. Pfeiffer, T. Regenbrecht, et al. (Hrsg.), *Irritation als Chance: Bildung fachdidaktisch denken* (S. 377–395). Wiesbaden: Springer.

Lynch, R.J., Kistner, J.A., Stephens, H.F. & David-Ferdon, C. (2016). Positively biased self-perceptions of peer acceptance and subtypes of aggression in children. *Aggressive Behavior, 42*(1), 82–96.
Magnaguagno, L., Schmidt, M., Valkanover, S., Sygusch, R. & Conzelmann, A. (2016). Programm- und Outputevaluation einer Intervention zur Förderung des sozialen Selbstkonzepts im Sportunterricht. *Zeitschrift für Sportpsychologie, 23*(2), 56–65.
Meyer, H. (2020). *Unterrichtsmethoden. 1. Theorieband.* (19. Aufl.). Frankfurt am Main: Scriptor.
MKJS BW (Ministerium für Kultus, Jugend und Sport Baden-Württemberg) (2016). *Bildungsplan 2016: Sport.* Stuttgart: MKJS BW.
Möller, J. & Trautwein, U. (2020). Selbstkonzept. In E. Wild & J. Möller (Hrsg.), *Pädagogische Psychologie* (3. Aufl., S. 187–209). Berlin, Heidelberg: Springer.
Murphy, S.C., Barlow, F.K. & von Hippel, W. (2018). A longitudinal test of three theories of overconfidence. *Social Psychological and Personality Science, 9*(3), 353–363.
Neuber, N. (2021). *Fachdidaktische Konzepte Sport II: Themenfelder und Perspektiven.* Wiesbaden: Springer VS.
Neuber, N. & Pfitzner, M. (2012). *Individuelle Förderung im Sport: Pädagogische Grundlagen und didaktisch-methodische Konzepte.* Münster: Lit.
Nicaise, V., Cogérino, G., Bois, J. & Amorose, A.J. (2006). Students' perceptions of teacher feedback and physical competence in physical education classes: Gender effects. *Journal of Teaching in Physical Education, 25*(1), 36–57.
Nicaise, V., Bois, J.E., Fairclough, S.J., Amorose, A.J. & Cogérino, G. (2007). Girls' and boys' perceptions of physical education teachers' feedback: Effects on performance and psychological responses. *Journal of Sports Sciences, 25*(8), 915–926.
Oswald, E., Schmidt, M., Valkanover, S. & Conzelmann, A. (2013a). Die Förderung des sportbezogenen Fähigkeitsselbstkonzepts mittels einer Intervention mit individueller Bezugsnormorientierung im Sportunterricht. *Spectrum der Sportwissenschaften, 25*, 5–20.
Oswald, E., Valkanover, S. & Conzelmann, A. (2013b). Die Implementation einer Intervention zur Veränderung des Selbstkonzepts im Sportunterricht. *Schweizerische Zeitschrift für Bildungswissenschaften, 35*(2), 255–273.
Raufelder, D., Braun, S., Lätsch, A., Wilkinson, R.P. & Ittel, A. (2014). A model of boys' body image in early adolescence. *Diskurs Kindheits- und Jugendforschung, 9*(2), 211–226.
Reusser, K. (2009). Empirisch fundierte Didaktik – didaktisch fundierte Unterrichtsforschung. In M.A. Meyer, M. Prenzel & S. Hellekamps (Hrsg.), *Perspektiven der Didaktik (Sonderheft 9 der Zeitschrift für Erziehungswissenschaft)* (S. 219–237). Wiesbaden: VS.
Rheinberg, F. (2008). Bezugsnormen und die Beurteilung von Lernleistung. In W. Schneider & M. Hasselhorn (Hrsg.), *Handbuch der Pädagogischen Psychologie* (S. 178–186). Göttingen: Hogrefe.
Richartz, A. & Kohake, K. (2021). Zur (Fach-)Spezifität von Unterrichtsqualität im Fach Sport. *Unterrichtswissenschaft, 49*, 243–251.
Robins, R. & Beer, J. (2001). Positive illusions about the self: Short-term benefits and long-term costs. *Journal of Personality and Social Psychology, 80*, 340–352.
Rott, D., Schulte ter Hardt, S., Gilhaus-Schütz, J. & Fischer, C. (2021). Lernbiographiekurven, Lerntagebücher, Lernlandkarten. Reflexionsinstrumente für Schüler im Kontext selbstregulierten Lernens. *Pädagogische Rundschau, 75*(6), 659–675.
Sand, L., Lask, B., Høie, K. & Stormark, K.M. (2011). Body size estimation in early adolescence: Factors associated with perceptual accuracy in a nonclinical sample. *Body Image, 8*(3), 275–281.

Scharenberg, K. (2012). *Leistungsheterogenität und Kompetenzentwicklung. Zur Relevanz klassenbezogener Kompositionsmerkmale im Rahmen der KESS-Studie*. Münster u. a.: Waxmann.
Scherler, K. (1997). Die Instrumentalisierungsdebatte in der Sportpädagogik. *Sportpädagogik, 21*(2), 5–11.
Schmidt, M. & Conzelmann, A. (2011). Selbstkonzeptförderung im Sportunterricht. Eine psychologische Betrachtung einer pädagogischen Zielperspektive. *Sportwissenschaft, 41*(3), 190–201.
Schmidt, M., Valkanover, S., Roebers, C. & Conzelmann, A. (2013). Promoting a functional physical self-concept in physical education. Evaluation of a 10-week intervention. *European physical education review, 19*(2), 232–255.
Schwarz, H.-H. (2011). Das Lerntagebuch als individuelles Reflexions- und Steuerungsinstrument. In P. Neumann & E. Balz (Hrsg.), *Mehrperspektivischer Sportunterricht. Didaktische Anregungen und praktische Beispiele. Band 2.* (S. 228–241). Schorndorf: Hofmann.
Seel, N.M. & Hanke, U. (2015). *Erziehungswissenschaft. Lehrbuch für Bachelor-, Master und Lehramtsstudierende*. Heidelberg: Springer VS.
Serwe-Pandrick, E. (2016). Der Feind in meinem Fach? „Reflektierte Praxis" zwischen dem Anspruch des Machens und dem Aufstand des Denkens. *Zeitschrift für sportpädagogische Forschung, 4*, 15–30.
Serwe-Pandrick, E., Wolff, D. & Frei, P. (2019). (Inter-)aktion in der Sporthalle – Empirie zur Praxis der Reflexion. In K. Verrière & L. Schäfer (Hrsg.), *Interaktion im Klassenzimmer: Forschungsgeleitete Einblicke in das Geschehen im Unterricht* (S. 165–187). Wiesbaden: Springer.
Stephens, H.F., Kistner, J.A. & Lynch, R.J. (2015). The calculation of discrepancy scores in the context of biased self-perceptions of acceptance. *Journal of Psychopathology and Behavioral Assessment, 37*(3), 442–453.
Usher, E.L. & Pajares, F. (2006). Sources of academic and self-regulatory efficacy beliefs of entering middle school students. *Contemporary Educational Psychology, 31*(2), 125–141.
Vieluf, S., Praetorius, A.-K., Rakoczy, K., Kleinknecht, M. & Pietsch, M. (2020). Angebots-Nutzungs-Modelle der Wirkweise des Unterrichts. Ein kritischer Vergleich verschiedener Modellvarianten. In A.-K. Praetorius, J. Grünkorn & E. Klieme (Hrsg.), *Empirische Forschung zu Unterrichtsqualität. Theoretische Grundfragen und quantitative Modellierungen*. (S. 63–80). Weinheim, Basel: Beltz Juventa.
Wachs, S. & Schubarth, W. (2021). Schule und Mobbing. In T. Hascher, T.-S. Idel & W. Helsper (Hrsg.), *Handbuch Schulforschung*. Wiesbaden: Springer.
Weineck, J. (2007). *Optimales Training* (15. Aufl.). Balingen: Spitta.
Wisniewski, B., Zierer, K. & Hattie, J. (2020). The power of feedback revisited: A meta-analysis of educational feedback research. *Frontiers in Psychology, 10*, 3087.
Zierer, K., Busse, V., Otterspeer, L. & Wernke, S. (2015). Feedback in der Schule – Forschungsergebnisse. In C.G. Buhren (Hrsg.), *Handbuch Feedback in der Schule* (S. 31–50). Weinheim: Beltz.

SPRINGER NATURE

GPSR Compliance

The European Union's (EU) General Product Safety Regulation (GPSR) is a set of rules that requires consumer products to be safe and our obligations to ensure this.

If you have any concerns about our products, you can contact us on ProductSafety@springernature.com

In case Publisher is established outside the EU, the EU authorized representative is:

Springer Nature Customer Service Center GmbH
Europaplatz 3
69115 Heidelberg, Germany

The manufacturer's authorised representative in the EU is Springer Nature Customer Service Centre GmbH, Europaplatz 3, 69115 Heidelberg, Germany. If you have any concerns regarding our products, please contact ProductSafety@springernature.com

Printed and bound by CPI Group (UK) Ltd, Croydon, CR0 4YY

25/03/2026

02078188-0012